本书由
中央高校建设世界一流大学（学科）
和特色发展引导专项资金
资助

中南财经政法大学"双一流"建设文库

中│国│经│济│发│展│系│列

制度、政策与企业行为：税收的视角

田彬彬 著

中国财经出版传媒集团
经济科学出版社
Economic Science Press

图书在版编目（CIP）数据

制度、政策与企业行为：税收的视角/田彬彬著．—北京：经济科学出版社，2019.12

（中南财经政法大学"双一流"建设文库）

ISBN 978-7-5218-1122-3

Ⅰ．①制⋯　Ⅱ．①田⋯　Ⅲ．①税收制度－影响－企业－管理－研究－中国　②税收政策－影响－企业管理－研究－中国　Ⅳ．①F812.422 ②F279.23

中国版本图书馆 CIP 数据核字（2019）第 288192 号

责任编辑：白留杰
责任校对：隗立娜
责任印制：李　鹏

制度、政策与企业行为：税收的视角

田彬彬　著

经济科学出版社出版、发行　新华书店经销
社址：北京市海淀区阜成路甲 28 号　邮编：100142
教材分社电话：010-88191309　发行部电话：010-88191522
网址：www.esp.com.cn
电子邮箱：bailiujie518@126.com
天猫网店：经济科学出版社旗舰店
网址：http://jjkxcbs.tmall.com
北京密兴印刷有限公司印装
787×1092　16 开　14 印张　220000 字
2019 年 12 月第 1 版　2019 年 12 月第 1 次印刷
ISBN 978-7-5218-1122-3　定价：49.00 元
(图书出现印装问题，本社负责调换。电话：010-88191510)
(版权所有　侵权必究　打击盗版　举报热线：010-88191661
QQ：2242791300　营销中心电话：010-88191537
电子邮箱：dbts@esp.com.cn)

总 序

"中南财经政法大学'双一流'建设文库"是中南财经政法大学组织出版的系列学术丛书,是学校"双一流"建设的特色项目和重要学术成果的展现。

中南财经政法大学源起于1948年以邓小平为第一书记的中共中央中原局在挺进中原、解放全中国的革命烽烟中创建的中原大学。1953年,以中原大学财经学院、政法学院为基础,荟萃中南地区多所高等院校的财经、政法系科与学术精英,成立中南财经学院和中南政法学院。之后学校历经湖北大学、湖北财经专科学校、湖北财经学院、复建中南政法学院、中南财经大学的发展时期。2000年5月26日,同根同源的中南财经大学与中南政法学院合并组建"中南财经政法大学",成为一所财经、政法"强强联合"的人文社科类高校。2005年,学校入选国家"211工程"重点建设高校;2011年,学校入选国家"985工程优势学科创新平台"项目重点建设高校;2017年,学校入选世界一流大学和一流学科(简称"双一流")建设高校。70年来,中南财经政法大学与新中国同呼吸、共命运,奋勇投身于中华民族从自强独立走向民主富强的复兴征程,参与缔造了新中国高等财经、政法教育从创立到繁荣的学科历史。

"板凳要坐十年冷,文章不写一句空",作为一所传承红色基因的人文社科大学,中南财经政法大学将范文澜和潘梓年等前贤们坚守的马克思主义革命学风和严谨务实的学术品格内化为学术文化基因。学校继承优良学术传统,深入推进师德师风建设,改革完善人才引育机制,营造风清气正的学术氛围,为人才辈出提供良好的学术环境。入选"双一流"建设高校,是党和国家对学校70年办学历史、办学成就和办学特色的充分认可。"中南大"人不忘初心,牢记使命,以立德树人为根本,以"中国特色、世界一流"为核心,坚持内涵发展,"双一流"建设取得显著进步:学科体系不断健全,人才体系初步成型,师资队伍不断壮大,研究水平和创新能力不断提高,现代大学治理体系不断完善,国际交流合作优化升级,综合实力和核心竞争力显著提升,为在 2048 年建校百年时,实现主干学科跻身世界一流学科行列的发展愿景打下了坚实根基。

"当代中国正经历着我国历史上最为广泛而深刻的社会变革,也正在进行着人类历史上最为宏大而独特的实践创新","这是一个需要理论而且一定能够产生理论的时代,这是一个需要思想而且一定能够产生思想的时代"①。坚持和发展中国特色社会主义,统筹推进"五位一体"总体布局和协调推进"四个全面"战略布局,实现"两个一百年"奋斗目标、实现中华民族伟大复兴的中国梦,需要构建中国特色哲学社会科学体系。市场经济就是法治经济,法学和经济学是哲学社会科学的重要支撑学科,是新时代构建中国特色哲学社会科学体系的着力点、着重点。法学与经济学交叉融合成为哲学社会科学创新发展的重要动力,也为塑造中国学术自主性提供了重大机遇。学校坚持财经政法融通的办学定位和学科学术发展战略,"双一流"建设以来,以"法与经济学科群"为引领,以构建中国特色法学和经济学学科、学术、话语体系为己任,立足新时代中国特色社会主义伟大实践,发掘中国传统经济思想、法律文化智慧,提炼中国经济发展与法治实践经验,推动马克思主义法学和经济学中国化、现代化、国际化,产出了一批高质量的研究成果,"中南财经政法大学'双一流'建设文库"即为其中部分学术成果的展现。

文库首批遴选、出版二百余册专著,以区域发展、长江经济带、"一带一路"、创新治理、中国经济发展、贸易冲突、全球治理、数字经济、文化传承、生态文明等十个主题系列呈现,通过问题导向、概念共享,探寻中华文明生生不息的内在复杂性与合理性,阐释新时代中国经济、法治成就与自信,展望人类命运共同体构建过程中所呈现的新生态体系,为解决全球经济、法治问题提供创新性思路和方案,进一步促进财经政法融合发展、范式更新。本文库的著者有德高望重的学科开拓者、奠基人,有风华正茂的学术带头人和领军人物,亦有崭露头角的青年一代,老中青学者秉持家国情怀,述学立论、建言献策,彰显"中南大"经世济民的学术底蕴和薪火相传的人才体系。放眼未来、走向世界,我们以习近平新时代中国特色社会主义思想为指导,砥砺前行,凝心聚

---

① 习近平:《在哲学社会科学工作座谈会上的讲话》,2016 年 5 月 17 日。

力推进"双一流"加快建设、特色建设、高质量建设,开创"中南学派",以中国理论、中国实践引领法学和经济学研究的国际前沿,为世界经济发展、法治建设做出卓越贡献。为此,我们将积极回应社会发展出现的新问题、新趋势,不断推出新的主题系列,以增强文库的开放性和丰富性。

"中南财经政法大学'双一流'建设文库"的出版工作是一个系统工程,它的推进得到相关学院和出版单位的鼎力支持,学者们精益求精、数易其稿,付出极大辛劳。在此,我们向所有作者以及参与编纂工作的同志们致以诚挚的谢意!

因时间所囿,不妥之处还恳请广大读者和同行包涵、指正!

中南财经政法大学校长

前　言

当前，中国已成为世界第二大经济体、第一大出口国和第二大进口国，创造了举世瞩目的经济奇迹。对中国经济奇迹可以从多方面进行解释，如要素、制度、战略、政策等。但基于中国的国情来看，不可否认的是，宏观经济政策对中国经济腾飞产生了重要的推动作用。宏观经济政策是一个国家的政府为实现对国民经济的调控而制定的影响整个经济体的政策。宏观经济政策的施行离不开微观企业，微观企业是实施宏观经济政策的载体，是宏观经济政策达成目标的途径和渠道。宏观经济政策和制度作为企业生存和发展的外部因素，其调整必定通过引导企业目标和行为方式影响企业经营活动，从而助力经济发展。将宏观经济政策与微观企业行为相结合，有利于改变宏观经济研究缺乏微观基础、企业行为研究缺乏宏观指引的现实局面。

宏观政策对微观企业行为的研究集中于货币政策和汇率政策、产业政策和监管政策、财政政策及政策周期性变动等领域。其中，税收政策作为财政政策的核心组成部分，伴随着税收体系的不断优化，其宏观经济调控政策作用日益凸显，与企业生产经营息息相关。1983年以前，国家财政收入以国有企业上缴的利润为主，税收所占的比重仅为40%左右，因而税收政策作用的发挥空间较小。1983年，为通过税收规范国家与国营企业的利润分配关系，国家开始对国营企业征收所得税，简称第一步"利改税"。1984年，国家实行第二步"利改税"，对工商税制进行全面改革，对企业继续征收所得税，并对国营大中型企业征收国营企业调节税。两步"利改税"的实行，初步确立了以流转税和所得税为主体的税收体系。

1994年，国家实行了新中国成立以来规模最大、范围最广泛、内容最深刻的税制改革。中央政府实现了"分税、分权、分机构"，规定将全部税种分为中央税、地方税以及中央与地方共享税；明确划分中央和地方政府事权，以此确定财政支出范围；将原有的税务局分设为国家税务局和地方税务局，国家税务总局负责中央税和中央与地方共享税的征收，地方税务局只负责征收地方税。同时，为提高国税系统的独立性，整个国税局实行"下管一级"的垂直体制，全国国税系统的人员编制、经费、干部任免均由国家税务总局管理。进一步的，1998年，为了避免地方政府对国税工作的干扰，最大限度避免人员的长期固定所带来的一系列问题，实施了国税局长的异地交流制度。

在机构设置逐步完善后，国家针对所得税和流转税的征收管理进行了诸多改革。为了使中央政府有充足的财力支持西部大开发建设，同时也为减少地方政府在税收竞争中造成的所得税征管的损失。2002年，中央推行了新一轮的财税体制改革，将原属于地方政府税种的企业所得税和个人所得税变为中央—地方共享税。规定在2002年之前成立的企业还保留在地税局管理，而所有新成立的企业必须在国税局缴纳所得税，并改变税收分成比例。为进一步提高税收征管质量和效率，2009年再次进行了企业所得税征缴机构的变革，对新增企业所得税纳税人中，应缴纳增值税的企业，其企业所得税由国家税务局管理；应缴纳营业税的企业，其企业所得税由地方税务局管理。在流转税领域，2009年进行了增值税转型（生产型增值税向消费型增值税）改革。2012年开始"营改增"改革在上海地区的试点，2016年5月1日实现"营改增"改革的全覆盖。"营改增"后，国、地税务局的工作量开始变得不平衡，随着国地税分设的格局逐渐变得不合时宜，国家推行了国地税机构合并改革。2018年7月20日，全国省市县乡四级新税务机构全部完成挂牌。税收政策和税收改革的逐步推行和实施，为我们的研究带来了契机。在现有的研究文献中，虽然国内外关于这一主题的研究颇多，但是覆盖广泛的系统性研究非常缺乏。本书为笔者近年来聚焦税收政策与企业行为的相关研究，主要依托于近年来国家层面的税制变革及税收政策，使用双重差分、断点回归等实证研究方法，刻画了税收与经济的良性互动，评估了税收政策、制度对企业逃避税行为、宏观税收收入增长及企业绩效的效应。

税收政策通过调节微观主体的缴纳税收的多寡得以实现，而税收的征收与征纳双方均密切相关。由于中国的税收征管体制存在巨大的征纳互动空间，税收征管存在弹性，税收政策的落实程度不仅取决于纳税人对税法的遵从度，更高度依赖于税务机关的税收征管力度。对于税收征管力度的影响因素，本书从不同角度做出了解释。在第一章征纳合谋、寻租与企业逃税中，以企业的业务招待费支出占比作为其贿赂支出的代理变量，揭示了征纳合谋所带来的税收执法力度降低并导致逃税的现象。事实上，无论是早期的税收专管员制度还是后期的税收管理员制度，基层税收执法人员在有关企业的涉税事项上拥有极大的税收执法权和自由裁量空间，这在企业所得税上尤其突出。因此，加强税收征管制度的建设，特别是压缩税收征管人员的自由裁量权空间，对于减少企业逃税具有重要意义。此外，宏观反腐败力度的提升以及第三方收入报告制度的建立能增加征纳合谋的成本，是破解征纳双方合谋的现实选择。

除了征纳合谋外，不同模式的政府间税收分权配置也会影响地方税务机构税收征收的积极性。第二章税收分成、税收努力与企业逃税以2002年所得税分享改革为背景，考察了税收分成比例的变化对于企业逃税的影响。在所得税分享改革中，企业所得税由地方税变为中央—地方共享税，降低了地方政府的企业所得税分成比例，导致了地方政府税收征管权和收益权的分离，地方政府对其征收的税收收入仅剩余部分索取权，从而外生地降低了地方税务局的税收努力程度。实证研究表明，由于不能确保税收征管权和税收收益权的统一和一致，相比于分税，分成会带来征税效率的极大损失。因此，在未来分税制的改革中，应坚持通过税种划分的方式来解决中央—地方间的收入分享问题，避免采用分成的方式。

从1994年的分税制，到1998年国税系统的异地交流制度，中央始终致力于提高征税机构的独立性。第三章政企合谋与企业逃税——来自国税局长异地交流的证据以1998年实施的国税局长异地交流制度为自然实验，利用此次改革导致的局长任职经历差异度量地方的政企合谋，研究了政企合谋对企业逃税的影响。实证分析表明，相比于本地晋升的国税局长，异地调任的局长能够显著减少本地企业的逃税。与此相对应，第四章征管独立性与税收收入增长，征税机构独立性的提升通过减少地方政府的干预和税收征管的腐败行为，在宏观上促进税收收入的增长。

除了与税收直接相关的政策，企业面临的其他制度和政策也会通过成本效应、竞争效应和替代效应影响企业的税收遵从度。作为一项保护劳动者权益和缓解社会收入差距的重要制度措施，中国的最低工资制度自 1993 年开始推行以来得到了持续改进和完善，对社会和经济发挥了重要作用。基于 1998~2007 年中国工业企业的微观数据，结合地市级层面的最低工资标准数据，第五章最低工资标准与企业税收遵从在经验上考察了最低工资标准的变化对企业税收遵从的影响。研究发现，在成本效应和替代效应的综合作用下，随着最低工资标准的提高，企业税收遵从度呈现出先降低后提高的 U 形变化趋势。

除外部因素外，纳税人的内在税收遵从度也是影响税收政策效果发挥，导致企业逃税的重要因素。早在 1972 年，Allingham 和 Sandmo 就基于预期效用最大化模型讨论了纳税人的最优逃税行为，以及政府减少逃税可能的政策选项。但由于预期效用最大化模型的相关研究缺乏对于现实的解释力，众多学者又从文化和心理学层面寻求对于逃税的进一步解释及相应的对策。其中，税收道德被认为是"理性经济人"之外影响纳税人逃税的一个重要因素。第六章税收道德影响了中国企业避税吗？——来自世界价值观调查（WVS）的经验证据，在分别对地区税收道德水平和企业逃税进行合理测度的前提下，从税收道德角度对企业逃税作出了解释。实证研究表明，区域税收道德水平与辖区内企业逃税呈现显著的负相关关系，税收道德水平越高，企业的逃税规模越小。

我国正处在持续推进供给侧结构性改革的大背景下，众多结构性减税措施力求降低企业的实际税负，以提升微观经济的活力，自 2012 年起开始推行的"营业税改增值税"税制体制改革便是其中之一。对于"营改增"的实际政策效果，大量文献从不同角度进行了评估。事实上，"营改增"除了影响试点企业的税负，还会通过增值税的抵扣链条影响其下游制造业企业的税负。对出口企业来说，增值税不仅以其良好的税制设计和税收中性特点有效克服了重复征税的问题，也能在"营改增"改革后在出口环节享受"零税率"的增值税税收优惠政策。第七章"营改增"与制造业企业出口——基于倍差法的经验研究，运用倍差法，从企业出口的维度为"营改增"的税制改革效应提供了经验证据。实证研究发现，与对照组地区制造业企业相比，实施了"营改增"试点的处理组企业出口强度显著提升 0.94%，而且与服务业的产业关联度越高的制造业企业，"营改增"对其出口的提升作用越明显。

在当前规模减税的背景下，衡量和评估减税对企业绩效的效应具有重要意义。当前大多数关于减税绩效的经验研究主要聚焦于针对企业特定行为的减税，如对企业研发投入的税收优惠、股息税的减免以及消费型增值税对于企业固定资产投资的优惠等，其对企业行为和绩效的影响往往是局部的。第八章税收竞争、企业税负与企业绩效——来自断点回归的证据通过所得税分享改革所带来的企业整体实际税负变动，实证验证了企业整体实际税负降低对企业绩效的促进作用。基于断点回归的研究结果显示，在企业成立时间的维度上，企业的实际税负在 2002 年后存在明显的向上跳跃趋势。当企业成立时间限定在断点前后 6 个月以内时，企业税负的减少会带来企业全要素生产率水平的提升。由此表明，企业税负降低会促进企业绩效的提升和长期的经济增长，这对我国当前进一步实施减税降费政策带来了重要启示。

综上所述，本书分别从征纳合谋、税收分成、政企合谋、最低工资、税收道德等维度展开，从不同角度打开税收征管的黑箱，系统研究了税收制度和政策的作用，以及对企业微观影响。

田彬彬
2019 年 10 月

目 录

第一章　征纳合谋、寻租与企业逃税
　　　　　——来自中国上市公司的经验证据
　　一、引言　2
　　二、文献回顾与制度背景　5
　　三、研究设计　10
　　四、基本回归结果与解释　16
　　五、稳健性检验及拓展性分析　20
　　六、结论与政策建议　28

第二章　税收分成、税收努力与企业逃税
　　　　　——来自中国上市公司的经验证据
　　一、引言　32
　　二、制度背景与理论假说　34
　　三、研究设计　38
　　四、实证分析与稳健性检验　42
　　五、结论与政策建议　54

第三章　政企合谋与企业逃税
　　　　　——来自国税局长异地交流的证据
　　一、引言　56
　　二、实验背景与理论假说　58
　　三、数据来源与研究设计　65
　　四、基本回归结果与解释　68

五、稳健性检验与进一步拓展　　75
　　六、结论与政策含义　　78

第四章　征管独立性与税收收入增长
　　　　——来自国税局长异地交流的证据
　　一、引言　　82
　　二、制度背景与理论假说　　84
　　三、研究设计　　88
　　四、实证分析　　90
　　五、结论与建议　　98

第五章　最低工资标准与企业逃税
　　　　——来自中国工业企业的经验证据
　　一、引言　　102
　　二、制度背景与理论假说　　104
　　三、研究设计　　109
　　四、实证结果与解释　　113
　　五、稳健性检验与拓展性分析　　120
　　六、结论与政策建议　　124

第六章　税收道德影响了中国企业避税吗？
　　　　——来自世界价值观调查（WVS）的经验证据
　　一、引言　　128
　　二、文献回顾　　130
　　三、研究设计　　132
　　四、实证分析　　138
　　五、结论与政策建议　　145

第七章　"营改增"与制造业企业出口
　　　　　——基于倍差法的经验研究
　　　　　一、引言　　　　　　　　　　　　　　　　148
　　　　　二、文献回顾与制度背景　　　　　　　　　　150
　　　　　三、研究设计　　　　　　　　　　　　　　　154
　　　　　四、实证分析　　　　　　　　　　　　　　　156
　　　　　五、结论与政策建议　　　　　　　　　　　　163

第八章　税收竞争、企业税负与企业绩效
　　　　　——来自断点回归的证据
　　　　　一、引言　　　　　　　　　　　　　　　　166
　　　　　二、文献回顾与制度背景　　　　　　　　　　168
　　　　　三、研究设计　　　　　　　　　　　　　　　172
　　　　　四、实证分析与稳健性检验　　　　　　　　　176
　　　　　五、结论与建议　　　　　　　　　　　　　　181

参考文献　　　　　　　　　　　　　　　　　　　　　183

第一章
征纳合谋、寻租与企业逃税
——来自中国上市公司的经验证据*

---

* 发表于《经济研究》，2018 年第 5 期。

一、引　　言

　　财政是国家治理的基础和重要支柱。而作为财政的核心组成部分，税收为财政发挥国家治理的职能提供了重要的财力保障。北宋著名政治家苏辙曾说过，"财者，为国之命而万世之本。国之所以存亡，事之所以成败，常必由之"。[①] 从某种角度而言，一国的税收组织能力也是其国家能力的重要体现，反映了政府从社会中获得财政资源的渗透能力，是所有其他国家能力的基础（王绍光，2002）。因此，保障税收收入和其他财政资源及时而全面的征管对于国家有不言而喻的重要性。遗憾的是，在现实生活中，尽管税收征管手段和技术不断的完善，各种形式的逃税行为仍然广泛存在。在国外，根据美国国家审计委员会的报告，非法的逃税行为每年导致美国联邦预算损失上千亿美元的收入（IRS，2006）。而根据 Mathiason（2008）的测算，在世界上最穷的国家中，每年由于逃税所带来的税收收入损失接近 9000 亿美元。尽管尚无有关中国逃税规模的权威测算，但某些局部的证据仍能说明我国大规模逃税的存在，如国家审计署 2014 年针对 60 家医药企业的审计表明，以虚开增值税发票、违规税前扣除等形式存在的偷逃税金额达到 60 多亿元[②]。

　　理论上，从税收征管的角度而言，通过提高对税收逃避的处罚力度以及稽查力度能够有效提高逃税的成本，从而抑制逃税行为的发生（Allingham and Sandmo，1972）。但事实上，上述征管手段的成功实践在很大程度上还依赖于一支诚实且廉洁的税收执法队伍，特别是在一国的税收征管程序不能相互独立且征管人员之间不能相互制衡的情况下（Alm et al.，2016）。其背后的逻辑在于，落后或不完善的税收体制通常会赋予税收执法人员较大的执法权力，在信息不对称或者监督缺位的情况下，追求私利的税收执法人员会选择隐匿在正常的税收制度背后，通过接受贿赂的方式来放松对企业的监管，进而纵容企业的逃税

[①] 苏轼《上皇帝书》，《苏轼全集》，中华书局 2008 年版。
[②] 国家审计署 2014 年度第 2 号公告。

行为。在上述情形下，征管人员与企业之间事实上构成了一种合谋关系，其结果是以合谋双方的获利造成国家税收收入的损失（Khan et al.，2016）。

大量文献从不同角度探讨了影响企业逃税的因素，如法定的税率水平、市场竞争压力、宏观的金融体系以及企业内部的治理环境等（Desai et al.，2007；Wingender，2008；Cai and Liu，2009），但由于没有将税收执法人员的激励相容问题纳入分析框架，一直以来，由征纳双方的合谋行为导致的企业逃税现象较少受到学界的关注。事实上，在广大发展中国家，税收征管体系不健全，尤其是缺乏第三方收入报告制度，征纳合谋实际上已成为导致企业逃税的最重要原因之一①。在为数不多的理论研究中，征纳合谋被认为降低了针对逃税的有效惩罚力度（effective penalty），从而增加了逃税的规模（Chu，1990；Bawles，1999）。不过，由于缺乏对于征纳合谋的合理度量，目前仍鲜有文献从经验角度提供征纳合谋影响企业逃税的证据。

基于中国的制度背景和上市公司的微观数据，本书尝试推进有关征纳合谋影响企业逃税的实证研究，以弥补现有文献的不足。与大多数发展中国家一样，中国的税收征管体制同样存在巨大的征纳互动空间，无论是早期的税收专管员制度还是后期的税收管理员制度，基层税收执法人员在有关企业的涉税事项上拥有极大的税收执法权和自由裁量空间，这在企业所得税中尤其突出，例如企业所得税中的费用扣除以及资产损失的认定过程中，税收征管人员的个人判断将直接决定企业税负的高低，其结果是征纳合谋在税收征管领域的广泛发生，突出体现为税收征管系统高发的腐败案件。据统计，1992~2011年，我国税务人员累计被举报的次数达到124870人次，立案21393件②。在现实中，征纳合谋通常表现为纳税人通过贿赂税务征管人员的方式实现逃税，因此有效度量企业层面的寻租性贿赂将是实证研究顺利开展的前提。在这方面，笔者借鉴Cai等（2011）的做法，采用企业层面的业务招待费支出（entertainment costs，EC）作为企业贿赂性支出的度量指标。在中国的会计准则中，业务招待费支出所包括的名目非常广泛，如旅游、差旅、餐饮以及为客户购买相应的礼品等正常生产经营和营销公关费用支出。在实践中，除了包含企业生产经营过程中合理支出

---

① 如在泰国，研究表明如果消除税收征管中的腐败行为，泰国的税收收入可以提高近50%（Haque and Sahay，1995）；也门也存在同样的情况，通过向税务人员直接支付20%~40%税款作为贿赂，纳税人可以实现少缴纳50%税款的目的（Rahman，2009）。
② 《中国税务年鉴》（2014）。

的费用外,由于难以调查取证和对资金支出进行定性,业务招待费科目还被企业广泛用来隐匿其贿赂政府领导干部、维持政商关系、公关客户和供应商等的相应支出①。

Cai 等(2011)利用世界银行企业层面的调查数据发现,更多的业务招待费支出让企业获得了更好的政府服务。而黄玖立和李坤望(2013)的研究则表明,企业的招待费支出被用作了不正当的竞争手段,增加了企业来自政府和国有企业的订单。沿用上述做法,在税收征纳合谋的背景下,本章用业务招待费支出作为企业贿赂税收征管人员的代理变量,进而考察这一支出对于企业逃税的影响。基于 2010~2014 年中国上市公司的微观企业数据,我们发现,业务招待费支出与企业所得税逃税程度之间呈现严格的正向关系,在排除了招待费支出作为税前扣除项的避税功能外,企业业务招待费的支出比例越高,其所得税逃税程度也越高。进一步的,上述结论在地区腐败水平和企业政治关联强度两个维度存在异质性,地区腐败水平越高,征纳合谋也更容易发生,业务招待费支出对于企业所得税逃税的提升更加明显。而相反,企业的政治关联度会对征纳合谋形成替代作用,从而弱化业务招待费支出与逃税程度之间的关系。此外,由于合谋的动机是为了逃避税,研究发现,业务招待费支出对于企业逃税的提升作用主要存在于逃税意愿较强的私营企业以及名义税率较高的企业,而在逃税动机较弱的中央企业和国有企业以及享受优惠税率的企业中则不显著。最后,合谋成本的提升大大减少了征纳合谋发生的可能,这解释了在 2013 年中央"八项规定"实行之后,业务招待费支出与企业逃税程度之间的关系大大弱化,原因在于反腐败力度的提升压缩了征纳合谋的空间,提高了合谋的成本。

本书的研究还在以下几个方面拓展了现有文献:首先,已有研究发现,腐败与税收收入的筹集存在密切的关系,在腐败水平越高的国家,单位 GDP 所对应征集的税收收入越少(Johnson et al.,1999;Tanzi and Davoodi,1998,2001),而本章的研究则进一步明确了腐败影响税收收入的作用机制,那就是腐败程度更高的国家,税收征管中征纳合谋也越严重,由此带来的广泛逃税降低了单位 GDP 所对应的税收收入。其次,大量文献探讨了企业贿赂支出对于企业成长的

---

① 《关注"业务招待费"里的腐败》,载《湖南日报》,2013 年 8 月 7 日。

影响，并形成了不同的观点，如认为贿赂性支出增加企业运行的成本，影响企业生产率的提升，是阻碍企业成长的"沙子"（Claessens and Laeven, 2003；Smarzynska and Wei, 2000；Fisman and Svensson, 2007）；也有认为企业通过向领导干部行贿来保护自身财产不受损失，可以避免受到政府不公平政策对于自身的影响，贿赂支出发挥了"保护费"功能（Acemoglu and Johnson, 2003；Lavy, 2007）；更有认为贿赂支出有助于企业获得稀缺资源，如贷款、土地和行业垄断地位等，有助于企业竞争力的提升，是提升企业绩效的"润滑剂"（Lui, 1985；Beck and Mahler, 1986；Hellman et al., 2003；Faccio, 2006；聂辉华等，2014；李捷瑜和黄宇丰，2010；李厚健等，2016），而本章的研究则从逃税的角度为腐败支出的"润滑剂"功能提供了新的经验证据。

二、文献回顾与制度背景

（一）文献回顾

长期以来，经济学文献尝试从不同角度来对企业的逃税行为和逃税动机进行解释。基于 Becker（1968）的犯罪理论模型，Allingham 和 Sandmo（1972）较早提出了解释个体逃税的理论框架，也被称为 A-S 模型。在该模型中，影响纳税人决策的因素主要有四个，分别是个人收入、名义税率、稽查概率和惩罚力度。在纳税人追求预期效用最大化且风险厌恶的背景下，稽查概率和惩罚力度的提高被认为将有效降低纳税人得自逃税的效用，进而减少逃税。相反，个人收入规模的变化和名义税率的调整则面临不确定的后果。事实上，如果不存在委托代理问题，企业逃税决策与个人逃税决策将基本一致，因此，A-S 模型通常也被作为研究企业逃税的起点。

以 A-S 模型为基础，后续的研究朝着两个不同的方向进行发展。首先是不断丰富和扩展 A-S 模型，以图增强其解释能力。例如，为了更好地分析公司治理结构对于企业逃税的影响，委托代理结构也被纳入模型。Slemrod（2004）认为，在所有权和经营权分离的情况下，企业经营者和股东会存在差异化的目标函数，企业逃税的发生可能有利于经营者但却可能不利于股东的长期效用。因此，尽管影响逃税决策的因素仍然类似，但却需要在传统 A-S 模型中加入对委托代理问题的考察。Desai（2007）则进一步认为，企业内部治理水平的高低是影响经营者逃税的关键因素。理由在于，较高的内部治理水平可以有效减少经营者隐瞒和谎报自逃税的收入，而这类收入通常很容易被经营者私自占有。此外，更多经济和制度层面的因素也被纳入对企业逃税的解释中，如市场竞争压力越大的行业，企业的经营压力也更大，逃税倾向也更明显（Cai and Liu, 2009）；政府规模过大或治理水平较低的地区，企业逃税也更严重（马光荣，李力行，2011）；而在税权集中于中央政府的国家中，税收竞争的存在则还会降低地方政府的税收执法力度，同样导致逃税的增加（Cremer and Gahvari, 1999, 2000；Stowhase and Traxler, 2004；范子英，田彬彬，2013）。新近的一些研究则将对企业逃税的解释拓展到了文化和心理学的领域，它们包括社会的税收道德水平（Torgler, 2007）、企业经营者母国的腐败程度（DeBacker and Heim, 2012）以及纳税人做决策时承受的纳税心理压力等（Dulleck and Fooken, 2016）。

与上述研究相对应，另一些文献则基于对 A-S 模型的批判来提出对于逃税的解释。如 Yitzhaki（1974）认为，A-S 模型中以低报的收入作为处罚依据并不符合现实情况，事实上，在很多国家的税法中，逃税额度才是税务机关做出处罚的主要依据。同样的改进还出现在逃税成本（Benjamin and Maital, 1985）以及税务机关的稽查概率（Witte and Woodbury, 1985；Spicer, 1986）等多个方面。需要指出的是，在 A-S 模型中，纳税人的逃税行为会以一定的概率被稽查，并且一个隐含的假设是，逃税行为一经检查就会完全被发现。但事实上，在很多发展中国家，税收征管的手段和技术并不能完全保证税收稽查的成功率，并且更为重要的是，领导干部监督体系的不完善还会导致征纳双方的合谋行为，即税收征管人员通过接受贿赂的方式来放纵纳税人的逃税行为（Chu, 1990；Chander, 1992；Goerke, 2008）。在这种情况下，税率的提升并不会带来税收收入的增加，其中除了拉弗曲线的效应外，还因为较高的税率增加了征纳双方合谋的空间，纳税人更愿意通过贿赂税务执法人员的方式来达到逃避缴纳税收的目的（Chander and Wilde，1992；Sanyal et al.，2000）。Goerke（2008）认为，在信息不对称的情况下，特别是税收征管人员很容易隐瞒自身信息的制度环境下，接受纳税人的贿赂，与纳税人形成共谋关系将是税收征管人员的理性选择。

事实上，如果存在第三方的收入报告制度，那么征纳双方的合谋也将得到极大的压缩，进而减少企业逃税。在一项丹麦进行田野实验中，Kleven 和 Saez（2011）发现，相比于自行报告收入的纳税人，由第三方进行收入报告的纳税人明显存在较少的逃税行为。不过，在很多发展中国家，由于缺少第三方的收入报告制度，特别是税务执法中存在较多的人为决定情况，纳税人为减少应缴税收，通过主动贿赂的方式而与税务执法人员合谋的情况仍比较普遍（Khan et al.，2016）。在早前的研究中，Hindriks（1999）通过总结各国的税法，提出了税务人员执法腐败常见的三种途径，分别是：对企业法定扣除的操纵，对企业税收优惠资格认定的操纵，以及对税收征管程序的操纵。而上述执法腐败也往往以征纳合谋的形式存在，并导致大量个人和企业逃税。不过，到目前为止，并没有严格实证研究来检验征纳合谋对于企业逃税的影响，除了微观数据的缺乏，如何对合谋和企业层面贿赂进行有效的度量也是微观实证研究的主要障碍。

（二）中国的税收征管制度：从"税收专管员"到"税收管理员"

一个完善的税制离不开有效的税收征管体系。在给定税基的情况下，高效率的税收征管意味着税款能够实现"应收尽收"，国家实际征收的税收收入能够无限接近于潜在的税收收入。反之，在低效率的税收征管下，纳税人偷逃税款的行为普遍发生，实际税收与潜在税收的差距不断拉大。理论上，税收征管效率的高低主要受到税务机关征管能力和税收努力两个因素的影响（吕冰洋，2011），前者主要受到征管技术的制约和限制，后者则是一国的税收征管体制所主要解决的激励问题。

类似于中国的财政体制，中国的税收征管体制也存在所谓的"一收就死，一放就乱"的问题。从新中国成立到20世纪80年代初期，中国的税收征管实行专责管理制度，也即税收专管员制度。与当时的计划经济体制相适应，专管员征管模式的核心特点是，在区分行业和所有制的情况下，征管人员负责范围内所有企业所有税种的征管。并且在职能上，征收、管理与稽查三者并不分离，入户的税收专员承担了从税务登记、纳税鉴定到纳税申报、税款征收以及税收稽查等各环节的工作，造就了当时"一人进厂，各税统管，征管查合一"的税收征管局面（邓文勇，2008）。

在计划经济体制下，当企业的经营活动完全受到国家计划部门的管理，企业自身缺乏明显的利益动机时，征管模式的差异并不会影响税收征管的效率，因为税收作为重要的经济活动调节工具此时毫无作为。但随着改革开放的推进，特别是私营企业和外资企业的逐步扩张与发展，集权式的税收专管员制度也随之暴露出了重大的缺陷，那就是专管员的执法自由裁量权过大，税收征管各环节之间缺乏有效的制衡与监督，尤其是专管员与企业长时间固定对应的情况下。其后果是税收征管腐败的产生，征管人员和纳税企业之间合谋逃避税款，诸如"关系税"和"人情税"之类的现象屡见不鲜（张建湘，黄国南，1994）。

为了最大限度地降低专管员制度产生的税收腐败风险，在20世纪80年代中期，全国税务系统对延续多年的税收专管员制度进行有限的改良，先后在全国范围内推行了专管员的异地交流和岗位轮换制度，对专管员定期进行全部或部分的调换，以此削弱其与纳税人合谋的基础，压缩税收腐败的空间。这一制度改进在早期收到了较好的效果，不过，可想而知，在整个征管流程不能做到有效分离的前提下，制度上的税收寻租空间仍然十分巨大。尤其是我国在1982年之后对税制进行了大规模的调整，建立起包括30多个税种的复合型税制，这无疑在一定程度上又扩张了专管员的权利边界，进一步加剧了征纳合谋的产生。

1989年12月，国家税务总局发布《关于全国税收征管改革的意见》，从根本上对税收专管员制度进行了改革，其核心是强调征收、管理与税收稽查三者之间的分离，形成各环节之间的相互制衡机制。不过，由于没有明确的将"管户"职责从税收征管责任中移除，加上税务机关对预期的估计不足，"征、管、查"的分离造成了税收机构人员的严重不足，并进而影响到正常的税款征缴（薛武，2012）。在此基础上，1997年，国家税务总局发布《关于深化税收征管改革的方案》，提出建立纳税人自行申报制度，将基层税务人员的"管户"职责剥离开来，专注于"管事"，并通过建立以计算机网络为依托的税源监控体系和社会中介组织税务代理体系，来填补"管户"职责退出后的税源监控缺失。"管户"责任的剥离客观上减少了税收征管人员与纳税企业的接触，有利于减少税收腐败。但是，在信息沟通仍然不太发达和完善的年代，上述改革实际上高估了信息管税的能力，其结果是税务机关失去了对税源的整体把控，纳税人的税收违法行为得不到及时查处，并进而引发了税收征管与稽查之间的脱节。在专管员制度已经取消的情况下，上述新的改革所引发的问题使得税收征管工作陷入了一个尴尬境地。

为了打破征管的困局，结束"一放就乱"的局面，2005年，国家税务总局发布《税收管理员制度（试行）》，尝试在现有征管体制的基础上重新引入专管员的管户职责，以此实现征管过程中"管事"与"管户"的有机结合，增强征管机构对于税源的掌控能力。尽管为了避免再次出现征纳合谋和税收腐败的局面，作为与税收专管员的区别，在制度设计上，将"征"与"查"两项职能剥离，税收管理员被规定不允许直接从事税款的征收、稽查与违法处罚等职能。但是，制度上的寻租空间仍然广泛存在，税收管理员被赋予了过多的管理权限，例如除了正常的政策法规宣传、对纳税人进行纳税评估、对税款进行催报催缴以外，管理员还需要掌握纳税企业生产经营与财务核算的基本情况，以及是否具备税收减免的条件资格等对企业影响重大的信息。

此外，由于纳税企业数量增长迅速，制度设计中原本包含的税收管理员轮换制度也没有得到有效的实行，仍然出现了管理员与纳税企业长期一一对应的局面。如此一来，原本税收管理员并不负责税款的征收，但在固定管户的情况下，企业的税款多少实际上仍然由税收管理员决定（王长勇，2012）。李林军[①]（2012）认为，在企业数量迅速增加，尤其是集团企业业务增加的背景下，基层税收管理员属地划片和固定管户的模式不仅带来了较低的征管效率[②]，还因为税收管理员较大的执法自由裁量权，容易产生执法风险和廉政风险。对此，2012～2013年，国家税务总局还专门出台《关于规范税收行政裁量权的指导意见》以

---

① 时任国家税务总局征管与科技发展司司长。
② 征管效率降低主要体现在人均管户数量的急剧增加，根据《中国税务年鉴》的数据统计，2012年全国税收管理员的平均管户数量已达到100户以上，部分沿海地区甚至达到人均管户1000户以上。

及《国家税务总局关于加强纳税人权益保护工作的若干意见》等规范性文件，以增强基层税收管理员的纳税服务意识，解决税务行政处罚裁量权过大所引发的社会争议问题。同时，部分省份和地区也尝试取消税收管理员制度，通过加强第三方涉税信息的共享来增强税源的掌握①。但事实上，对大部分企业来说，"税务局仍然是最不愿得罪的政府部门，而税管员则是最需要精心维护关系的税收局官员"②。

三、研究设计

（一）逃税的测度

在《国际税收词典》的定义中，逃税指的是纳税人不按照税法规定的应纳税额缴纳税款，而采用非法手段逃避缴纳税收的行为。但在本章定义的企业逃税中，除了非法手段，企业在合理范围内的避税行为也被纳入考察范围。主要理由是，尽管逃税和避税在法律层面存在明显的边界，即避税是合法的③，逃税是非法的。但在实际中，税法语句的表达经常存在多重含义，特别是对于以成文法为主的国家，法规内容和定义不确定，条文的执行空间太大，导致对于合法与非法，税务机关与纳税人之间产生完全不同的理解，甚至于经历过相同涉税事项的纳税人，会面临来自税务机关完全不同的解释。此外，税法规则的频繁调整也会导致纳税人的信息不对称，从而在实际操作中很难掌握合法与非法

---

① 以江苏为代表的部分省份自 2014 年 7 月起，逐步取消了税收管理员制度，寻去通过信息管税的方式代替专人盯户的模式，但这一改革尚未在全国层面铺开，在大部分地区，税收管理员制度仍然是现实的存在。详见《人民日报》2017 年 9 月 18 日第 10 版报道——《江苏税收管理员去哪了》。
② 转引自王长勇，《税收管理员制度应该取消》，《新世纪》周刊，2012 年 11 月 19 日。
③ Kay（1980）提供了另外一种关于逃税和避税的定义：逃税是通过隐瞒或者误报的方式来改变已有交易的性质，而避税则是在不改变交易性质的前提下，通过合理的安排改变某项交易所对应的税收处理。

的尺度①。更关键的是，由于税法的调整往往落后于现实中的经济行为，这导致对于很多新产生的应纳税行为，税法本身是缺位的，或是规定存在漏洞和不清晰的地方。因此，在现实中，逃税与避税往往是模糊不清的（Slemrod and Yitzhaki，2002）。此外，从实际影响来看，逃税和避税在宏观上都会导致国家税收收入的流失，而在微观上都增加了纳税人的税后利益，因此，文献上通常也并不对逃税和避税做出严格的区分（Seldon，1979；Cross and Shaw，1982）。具体到有关中国企业逃税的研究中，绝大部分文献也并不区分逃税和避税，只不过在表达上，既有使用逃税一词（马光荣，李力行，2012），也有使用避税一词（Cai and Liu，2009；范子英，田彬彬，2013），或者是更为中性的表达，如税务违规（tax noncompliance）。

由于逃税的隐蔽性，因此直接观察逃税并对其进行研究的文献很少。其中，Fisman 和 Wei（2004）的研究是少数能够做到对逃税进行直接度量的文献，他们巧妙地利用中国香港和内地之间进出口数据的差异，作为对逃税的度量，并进而研究了关税税率的调整对于企业走私策略和逃税的影响。在现实中，由于流转税通常具有税负转嫁的性质，因此大部分关于逃税的研究都聚焦于企业所得税的逃税。而围绕企业所得税逃税的间接度量，文献中发展出两种主流的方法：实际税率法（effective tax rate，ETR）和账面—应税收入法（book - tax difference）。其中，实际税率是企业的税收支出除以税前收入，企业逃税越多会导致实际税率越低，该方法在逃税的相关文献上有非常广泛的应用（Dyreng et al.，2008）。不过，实际税率法存在比较明显的缺点，那就是当企业通过同时操纵税前收入和税前利润的方式来逃避税收时，企业的税收支出和税前利润会等比例变化，此时实际税率并不能有效反映企业的逃税行为。基于此，文献上逐步转向采用账面—应税收入法来衡量企业的逃避税。与实际税率法不同，账面—应税收入法主要依赖于对会计账面收入和应税收入的系统性分解。其背后的逻辑是，企业经营者有激励向股东报告更为真实的收入，并且同样有激励向税务机关隐瞒收入，前者一般是企业的账面收入，后者则是应税收入，而向税务机关隐瞒收入的程度则会反映到两者的差异上。因而除了正常的税收会计制度差异外，账面收入和应税收入的差异就一定程度上反映了企业逃避税的程度

---

① 以中国为例，每年由财政部和国家税务总局发布的以"财税"冠名的文件和通知多达几百项，其中大多涉及税法规则的调整。

（Thomas，1998；Manzon and Plesko，2002；Desai，2005；Desai and Dharmapala，2006）。

沿用已有文献的做法，本章同样采用账面—应税收入法来度量企业逃税，具体做法如下：首先，计算出企业的账面会计利润和应税收益的差额，并以企业的总资产进行标准化，如

$$G = (Y^B - Y^T)/A \qquad (1-1)$$

其中，Y^B 表示企业的账面会计利润；Y^T 表示应税收益；A 表示企业的总资产。一般而言，我们通常无法直接获得企业的应税收益 Y^T，而需要通过企业的所得税费用来间接进行计算，因此有：

$$Y^T = CFTE/\pi \qquad (1-2)$$

其中，$CFTE$ 表示企业的所得税费用；π 是企业所适用的所得税税率。

正常情况下，G 包括三个方面：税法和会计体制的差异，企业正常的盈余管理行为以及企业出于逃避税动机的会计操纵。其中，企业正常的盈余管理行为可以通过企业财务报表中的各种应计项目进行反映，如企业的正常折旧、应收账款等。因此，为了更准确地得到企业逃避税行为的衡量，需要通过回归的方式将各种应计项目对于账面—应税收益差异的影响剔除，具体如下：

$$G_{it} = \alpha + \beta TA_{it} + \omega_{it} \qquad (1-3)$$

其中，TA_{it} 表示企业的各种应计项目之和除以总资产；ω_{it} 表示不能被企业应计项目解释的账面—应税收益差异，我们将它作为企业逃避税行为变化的度量变量。理由在于，尽管 ω_{it} 中还包含税法与会计的制度性差异，但在一国的税制体制和会计准则保持稳定的情况下，上述差异是固定不变的，因此 ω_{it} 的变化就完全反映了企业出于逃税动机的会计操纵。图 1-1 展示了我们的测算结果，可以看到，在样本期限内，整体的逃税水平随时间略有上升，保持较为稳定的变化趋势。同时，所有制的差异也非常明显，私营企业整体的逃税水平要远高于国有企业，这也符合已有的研究结论（李力行，马光荣，2012；范子英，田彬彬，2013，2016）。当然，需要说明的是，不同的文献关于企业应计项目的范围存在一定的争议，本章以 Desai 和 Dharmapala（2006）等的做法作为基准度量，并会在稳健性检验中考虑其他的度量方式。

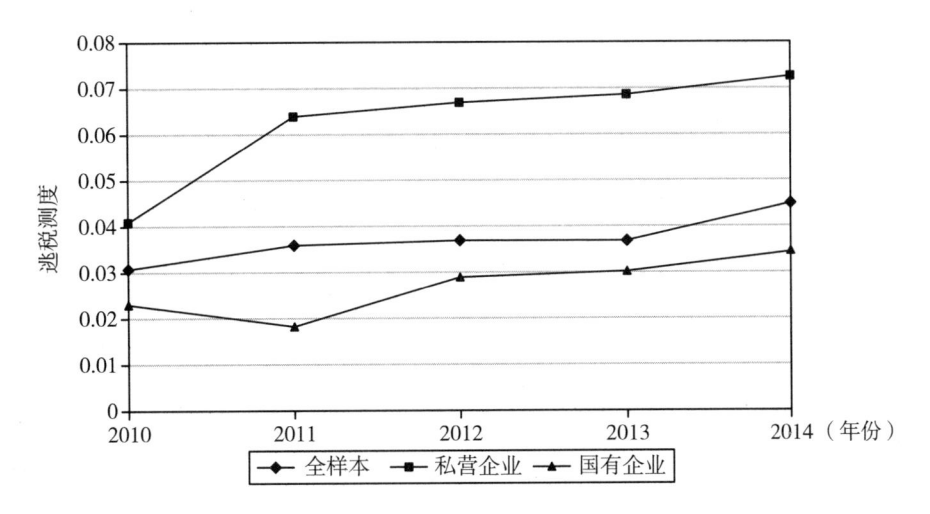

图 1-1 基于账面—应税收益差异的企业所得税逃税测度

（二）数据与变量

本章以中国沪深两市的所有上市公司为研究对象，基本数据来源于同花顺数据库。核心变量为企业的业务招待费支出，根据数据库中数据的可获得程度，将样本年限定为 2010~2014 年①。根据需要，我们对上市公司做了相应的处理，首先，尽管在 2008 年后我国统一了内外资企业的所得税率，但这一政策是逐步推行的，部分外资企业在 2008 年之后仍然享受税率的优惠，因此，为了避免税率的差异影响本章的研究结论，剔除了上市公司中中外合资企业的样本；其次，为了防止异常值对回归结果的干扰，还对测算出的企业逃税变量进行了前后各 1% 的截尾处理，以及剔除了在所有制类型中标明为政府投资平台的上市公司，在此基础上的样本观测值共有 13178 个。不过，由于企业的业务招待费支出数据并不是年报中必须披露的数据，存在部分的缺失值和异常值，因此主回归中实际使用的观测值数量最后为 8855 个。

此外，还用到了两类数据，分别是上市公司的政治关联强度和省级层面的腐败水平数据。前者数据来源于国泰安数据库（CSMAR）中的《中国上市公司

---

① 由于业务招待费支出并非上市公司年报中必须报告的内容，因此，在 2010 年前，数据的缺失值比较多，仅有少量的企业报告这一数值。而在 2014 年后，由于部分企业的"天价招待费"事件受到了空前的关注，并遭受了较大的质疑，因而大量上市公司在随后的年份中逐步取消了对业务招待费支出的报告。

人物特征研究数据库》，并参考罗党论和魏翥（2012）的赋值方法计算出上市公司的政治关联强度。而与以往研究中采用纪检监察机关职务犯罪立案数来度量地区腐败水平的做法不同，本章中，参考杨其静和蔡正喆（2015）的做法，采用各省纪检监察机关的信访举报数来度量地区的腐败水平，相关的数据来自各省级年鉴和地方志的整理汇总。

需要说明的是，在研究范围内，我国的税法保持了稳定，内资企业的所得税税率稳定在 25%。同时，税法中有关企业业务招待费的扣除原则也没有出现变化，在 2008 年之前，业务招待费实行比例扣除原则，而在 2008 年《企业所得税法》实施之后则采取按比例和发生额的双重扣除原则①，样本时间范围排除了税法规则调整对于企业逃税的影响。

（三）模型的设定

基于式（1-1）~式（1-3）对于企业逃税的准确度量，将采用如下计量模型进行回归：

$$Evasion_{it} = \beta_0 + \beta_1 EC_{it} + \beta_2 X_{it} + \gamma_i + \varphi_t + \mu_{it} \qquad (1-4)$$

其中，下标 i 表示企业；t 表示年份；γ_i 和 φ_t 分别表示企业和时间层面的固定效应；μ_{it} 为随机扰动项；$Evasion_{it}$ 表示企业的逃税程度，其具体数值由模型（1-3）回归后的残差 ω_{it} 表示。从原理上讲，由于残差项总体均值为 0，因此 $Evasion_{it}$ 并不表示企业的绝对逃税程度，但能够从个体和时间两个维度反映企业逃税的变化，这对本章的研究来说已经足够。EC_{it} 是本章的核心解释变量，用以反映企业的寻租性贿赂支出，其具体表示为企业的业务招待费支出占营业收入的比例。企业的寻租性贿赂支出在一定程度上反映了征纳双方的合谋程度，贿赂支出越多，企业逃税也会越严重，因此预期 β_1 的系数显著为正。X_{it} 表示其他的控制变量，包括公司金融领域常用的变量，如企业规模、盈利能力、资本密集度、存货密集度以及企业的财务杠杆水平等。其中，企业规模对于企业逃税的影响是

---

① 具体而言，在旧的企业所得税法规定下，业务招待费支出实行比例扣除原则，企业按照全年销售收入的规模分为 3‰ 和 5‰ 两档扣除标准；而在 2008 年 1 月 1 日新的企业所得税法实施之后，业务招待费的税前扣除标准发生了变化，统一按发生额的 60% 进行扣除，但最高扣除额不得超过当年销售收入的 5‰。

不确定的，一方面，规模越大的企业越容易受到税务部门的稽查，逃税成本更高（Zimmerman，1983；Slemrod，2007），但与此同时，大企业在逃避税决策方面也会拥有更多的选择（Philips and Rego，2003），因此两者之间的关系尚无明显定论，我们采用企业总资产的对数值代理企业规模。另一方面，盈利能力与逃税的关系也是如此，盈利能力越强的企业逃避税的动机越强烈，但同时也会引发税务稽查部门更多的关注，我们采用企业税前利润在总资产中的占比来反映企业的盈利能力。此外，借款利息和费用可以在税前进行扣除，具有很强的抵税功能，因此企业的负债程度也会影响企业的逃避税决策，我们采用企业的年末负债与总资产的比值来反映其财务杠杆水平（Stickney and McGee，1982；Porcano，1986）。最后，存货密集度和资本密集度会影响企业的折旧水平，同样会对实际税率和本章所度量的企业逃税产生影响（Gupta and Newberry，1997；Derashid and Zhang，2003），我们用企业的年末固定资产净值和年末存货余额与总资产的比重来分别表示资本密集度和存货密集度。表1-1给出了主要变量的描述性统计。

表 1-1　　　　　　　　　　主要变量的描述性统计

变量名	变量定义	观测值	均值	标准误	最小值	最大值
$Evasion$	账面—应税收益回归残差	13178	0.0378	0.1933	-0.9958	0.903
EC	业务招待费支出/营业收入	8855	0.0041	0.0168	7.65e-06	0.8055
$Size$	资产总计自然对数	13178	12.5404	1.5017	5.7313	21.4464
Roa	税前利润/资产总计	13178	0.0519	0.0662	-0.7753	0.7069
$Capital$	固定资产净值/年末资产总计	13178	0.2207	0.1678	8.64e-06	0.9709
$Inventory$	年末存货余额/资产总计	13178	0.1680	0.1537	0	0.9426
Lev	年末负债/资产总计	13178	43.8172	22.1234	0.708	99.8124
$Dum-collective$	集体企业虚拟变量	11662	0.0077	0.0875	0	1
$Dum-private$	私营企业虚拟变量	11662	0.5295	0.4991	0	1
$Dum-state$	国有企业虚拟变量	11662	0.2684	0.4431	0	1
$Dum-central$	中央企业虚拟变量	11662	0.1450	0.3521	0	1

四、基本回归结果与解释

表 1-2 给出了基于式（1-4）进行回归的基本结果。在第 1 列中，仅加入了反映企业寻租行为的业务招待费支出作为控制变量，而此时 β_1 的系数显著为正，表明企业的贿赂支出促进了征纳双方的合谋，并进而导致企业逃税的增加。在第 2 列回归中，加入了影响企业逃税或实际税负的其他控制变量，此时业务招待费支出的系数仍然显著为正，且系数较之前有所增大，这说明不控制其他控制变量会低估征纳合谋对于企业逃税的影响。此外，国家税务总局对于税法执行的力度在不同年份存在差异，宏观经济冲击也会影响到企业的实际税负，这些都会导致企业逃避税决策随时间而逐步发生变化，为了剔除这种影响，在第 3 列回归中加入了反映时间趋势的虚拟变量，此时业务招待费支出的系数依然显著为正且变化不大。最后，为了进一步保证回归结果的稳定性，在第 4 列回归中还将标准误在城市层面进行聚类（cluster），并且为了进一步控制地区层面随时间变化的固定效应，在第 5 列中还控制了企业所在地区与时间趋势的交互项，以及地区与时间趋势平方项的交互项，可以看到，此时结果仍然保持稳定。上述逐步回归的过程基本证实了本章的主要观点，即在征纳合谋的背景下，企业的业务招待费支出带来了企业逃税的显著增加。

表 1-2　　　　　　　　　　基本回归结果

变量名	(1)	(2)	(3)	(4)	(5)
EC	0.435*** (0.122)	0.521*** (0.13)	0.52*** (0.13)	0.52*** (0.0754)	0.528*** (0.078)
$Size$		0.0442*** (0.00437)	0.0492*** (0.00565)	0.0492*** (0.0104)	0.0511*** (0.0106)
Roa		0.0820** (0.0366)	-0.0953** (0.0374)	-0.0953 (0.122)	-0.101 (0.12)

续表

变量名	(1)	(2)	(3)	(4)	(5)
$Capital$		-0.0210 (0.0230)	-0.0155 (0.0233)	-0.0155 (0.0257)	-0.0126 (0.026)
$Inventory$		0.156*** (0.0298)	0.16*** (0.0298)	0.16*** (0.0574)	0.151*** (0.0577)
Lev		0.00126*** (0.0002)	0.00128*** (0.0002)	0.00128*** (0.0003)	0.0013*** (0.0003)
时间	N	N	Y	Y	Y
城市聚类	N	N	N	Y	Y
地区×时间/时间^2	N	N	N	N	Y
Observations	8855	8678	8678	8678	8678
R-squared	0.002	0.07	0.091	0.125	0.163

注：括号内为标准误，** 和 *** 分别表示5%和1%的显著性水平。

其他变量方面，企业规模越大，企业的逃税程度也更高，这一结论与 Philips 和 Rego（2003）的研究结论一致，即规模越大的企业，其经营活动也越复杂，因而能够用于逃避税的手段以及机会也会越多，相关的税收筹划也会更容易成功实施。盈利能力越高的企业逃税程度较低，这可能源于盈利能力较强的上市公司，其受到税收征管部门的关注度也越高，越容易"重点税源企业"，因而大大压缩了其逃避税的空间。其他方面，资本密集度的系数并不显著，而存货密集度的系数则与预期的一致，企业的存货密集度越高，相应的逃税程度也越高。最后，财务杠杆的系数显著为负，表明财务杠杆越高的企业逃避税程度较低，按照罗党论和魏翥（2012）的解释，这可能与我国企业的融资约束难题有关，为了获得更多的融资渠道，财务杠杆越高的企业越会约束自身的行为，从而较少地进行逃税。

进一步，从企业角度来说，进行征纳合谋的成本是寻租性的业务招待费支出，而收益则是可以减少需要缴纳的税收。同样，站在税收征管人员的角度而言，获得工资薪金之外的贿赂收入是其与纳税人进行合谋的收益，而需要承受的成本则是合谋被发现后的行政和法律处罚。理论上，在收益一定的情况下，合谋成本的上升将会压缩合谋的空间，反映在回归结果中，业务招待费支出对于企业逃税的影响将下降。

以中央"八项规定"实施带来的反腐败力度的外生变化来检验合谋成本的上升对于合谋行为的影响。2012年12月，为了加强对于领导干部行为的约束，减少基层公务中的腐败行为，中央相继出台了"八项规定"和"六项禁令"，从多个维度对公务人员的工作作风和行为提出严格的约束。如禁令中特别提出，"……各级领导干部一定要严格把关，严于律己，要坚决拒收可能影响公正执行公务的礼品、礼金、有价证券……"。"八项规定"实施后，中央全面提升了反腐败的力度，这充分体现在被查处的领导干部数量上。根据中央纪委监察部的数据统计，在"八项规定"实施后的三年时间内，共有55289人受到了相关的处分①。

一般而言，反腐败力度的提升会从两个方面增加征纳合谋的成本，一是提高了征纳合谋被发现以及税收征管人员被处罚的概率，二是提高了合谋所需的贿赂性支出规模。而无论是前者还是后者，在收益一定的情况下，都将极大地压缩合谋的空间，反映在实证结果上，业务招待费支出对于逃税的影响将被弱化。在表1-2回归的基础上，单独以私营企业的样本来验证上述逻辑。选择私营企业的理由在于，相比于国有企业和中央企业等企业类型，私营企业表现出更强的逃避税动机，这充分体现在私营企业的名义所得税税率和实际所得税税率之间的巨大差距（Cai et al., 2005；李元旭，宋渊洋，2011）。曹书军等（2009）考察了我国不同所有制上市公司的实际税负水平，发现在所有的所有制类型中，民营上市公司的实际税率是最低的，其理由是相比于国有企业，民营企业的经营目标更为单一，对利润最大化的追求更为纯粹，因而逃税动机会更强。因此，从这个角度讲，合谋成本的变化将首先影响私营企业与税收征管机构的合谋程度。回归结果如表1-3所示，在前两列中，将样本年限控制下"八项规定"实施之前的年份，无论是否控制时间固定效应、是否进行标准误的聚类，以及是否控制地区与时间趋势的交互项，业务招待费支出的系数均显著为正。而与此相反，在第3和第4列中，当我们将样本年限控制在"八项规定"实施之后时，业务招待费支出的系数均变得不显著。进一步的，为了避免样本范围不同造成的系数不可比问题，在第5列中加入了业务招待费支出比例与2013年前后的时间虚拟变量，可以看到，此时交互项的系数显著为负。这一回归结果有力地证

---

① 相关报道见中纪委监察部网站，http://www.ccdi.gov.cn/xwtt/201512/t20151203_69389.html。

实了本章前述的逻辑,即合谋成本的提升减少了合谋发生的概率,从而降低了业务招待费支出对于企业逃税的影响。

表1-3　　　　　　　　　　合谋的成本

变量名	2010~2012年	2010~2012年	2013~2014年	2013~2014年	2010~2014年
EC	0.372*** (0.156)	0.408*** (0.125)	-0.0459 (0.231)	0.375 (0.235)	0.481*** (0.117)
$Post2013 \times EC$					-0.305*** (0.118)
$Size$	0.0339** (0.017)	0.0442** (0.0209)	0.019 (0.017)	-0.00233 (0.0192)	0.051*** (0.0105)
Roa	-0.1483 (0.223)	-0.159 (0.223)	0.871*** (0.21)	0.859*** (0.206)	-0.101 (0.120)
$Capital$	-0.103* (0.053)	-0.0882 (0.0599)	0.071 (0.094)	0.0383 (0.0945)	-0.0127 (0.0262)
$Inventory$	0.184 (0.112)	0.163 (0.117)	0.069 (0.197)	-0.0400 (0.205)	0.151*** (0.0578)
Lev	-0.0019*** (0.0005)	-0.00175*** (0.000533)	-0.0011 0.0009	-0.00119 (0.000890)	-0.001*** (0.000335)
年份	N	Y	N	Y	Y
城市聚类	N	Y	N	Y	Y
省份×年份/年份²	N	Y	N	Y	Y
样本控制	私营企业	私营企业	私营企业	私营企业	私营企业
Observations	2362	2362	1798	1798	4160
R-squared	0.161	0.1727	0.134	0.169	0.129

注:括号内为标准误,*、**和***分别表示10%、5%和1%的显著性水平。$Post2013$为虚拟变量,2013年后取值为1,之前则取值为0。

五、稳健性检验及拓展性分析

（一）稳健性检验

本章的基本回归结论还受到一些干扰因素的影响，我们将通过一系列的稳健性检验来进行逐步的排除。首先是招待费支出自身的逃避税功能。本章的核心逻辑是征纳合谋导致了企业逃税的发生，而其主要表现为企业对于税收征管人员的寻租性贿赂。在实践中，由于企业的贿赂性支出通常隐匿在业务招待费支出中，因此在实证中采用了企业的招待费支出来作为其寻租性贿赂支出的代理变量。但这样的做法存在一个问题，那就是在中国的税法中，企业的业务招待费支出本身就是税前的可扣除项，这就说明业务招待费支出本身就具备逃避税的功能，企业税前的业务招待费开支越多，越能降低企业的应税收益，而本章的逃税指标恰好采用的是账面—应税收入的差异。这意味着本章的基本回归结论可能并不是由于征纳合谋的逻辑所导致的，而仅仅是业务招待费自身的避税功能带来的结果。当然，庆幸的是，本章在基本回归表 1-3 中的结论事实上已经将这一替代性的假说进行了有力的排除，因为如果基本结论是由招待费自身的避税功能所导致的，那业务招待费支出的系数应该在表 1-3 的第 3 和第 4 列中同样显著为正，而不是不显著。

事实上，企业的业务招待费支出并不仅仅出于避税的目的，而是更多地发挥一些额外的功能，如寻租和公关等。按照中国的税法规则，企业的业务招待费实行发生额和营业收入占比的双重扣除原则，即企业税前可以扣除业务招待费是其发生额的 60% 和营业收入 5‰ 之间的较小者。因此，从税负平衡点的角度而言，企业如果想最大限度地利用业务招待费来进行逃避税，其业务招待费在营业收入中的最佳占比应该是 8.33‰①，而在本章的样本企业中，平均的业务招待费占比为 15.8‰，远大于上述最佳比例。

不过，为了更加严格地剔除业务招待费自身的避税功能，以及其他可能的内生性因素对结果的影响，从以下两个维度进行了重新回归。第一，与基本回归采用当期的业务招待费支出比例作为解释变量不同，尝试采用滞后期的业务招待费支出比例作为解释变量。企业可以做大当期的业务招待费来进行逃避税，但仅就自身的避税功能而言，上一期的业务招待费支出对本期的逃避税决策并无直接影响。这是因为，根据中国的《企业所得税法》规定，企业发生业务招待费支出仅能在当期按照限额进行税前扣除，并不能结转至以后期进行扣除。这意味着，企业如果想通过提前规划业务招待费规模来逃避税的话，也只能影响当期的业务招待费规模，而滞后期的业务招待费由于不能结转实际上并不直接影响本期的逃避税水平。而征纳合谋的逻辑则不同，上一期的贿赂性支出奠定了征纳双方的合谋关系，仍然能够对本期的逃税行为产生影响。从回归结果来看，在表1-4的第1列中，滞后期的业务招待费支出比例系数尽管大小明显下降，但仍然显著为正，进一步证实了本章征纳合谋的逻辑。第二，尽管不能直接结转，但我们仍怀疑滞后期的业务招待费会通过某种渠道间接影响本期的费用扣除规模，并进而影响本期的逃税程度。例如，一种可能的情形是，企业通过做大滞后期的业务招待费来增加利润亏损，并通过亏损弥补的方式来增加本期的税前扣除规模。尽管这一方式受到业务招待费双重扣除标准的制约，但出于谨慎的考虑，我们仍不能将其完全排除。为此，尝试采用工具变量重新进行回归。参照 Cai 等（2011）以及黄玖立和李坤望（2013）等的研究，选取了如下3个工具变量：城市—行业层面的业务招待费支出比例中位数、城市—行业层面业务招待费支出比例均值及其平方项②。回归结果如表1-4所示，其中城市—行业层面的业务招待费支出比例中位数、均值及均值平方项。可以看到，在不同的工具变量下，业务招待费支出比例的系数均显著为正，同时从一阶段回归结果来看，企业的业务招待费支出比例与城市—行业层面的业务招待费支出比例中位数、均值等均存在显著的正向关系。这一结论再次表明，在控制内

---

① 假设企业的营业收入为 M，业务招待费支出为 Y，则按照现行税法的规则，当且仅当 $Y \times 60\% = M \times 5‰$ 时，企业的业务招待费可以最大限度地扣除，此时 $Y = (M \times 5‰)/60\% = M \times 8.33‰$。
② 在计算城市—行业层面业务招待费比例均值时，还将企业自身的业务招待费支出比例剔除。

生性的情况下,本章所描述的征纳合谋对于企业逃税的影响依然显著成立,基本回归的结论是可靠和稳健的。

表 1-4　　　　　　　　　稳健性检验一

变量名	滞后项	城市—行业中值	城市—行业均值	城市—行业均值平方
LagEC	0.00138*** (0.000156)			
EC		1.479** (0.582)	0.454*** (0.130)	0.159** (0.076)
Size	0.0517*** (0.0128)	0.0509*** (0.00576)	0.0491*** (0.00567)	0.0486*** (0.00571)
Roa	-0.0396 (0.142)	-0.0810** (0.0385)	-0.0963** (0.0377)	-0.101*** (0.0381)
Capital	0.00252 (0.0310)	-0.0157 (0.0234)	-0.0155 (0.0233)	-0.0155 (0.0233)
Inventory	0.181** (0.0729)	0.164*** (0.0301)	0.160*** (0.0299)	0.158*** (0.0299)
Lev	-0.00158*** (0.000432)	-0.00128*** (0.000183)	-0.00128*** (0.000183)	-0.00129*** (0.000183)
一阶段回归				
IV	N	0.9289*** (0.05)	0.9544*** (0.0275)	2.2544*** (0.0983)
时间	Y	Y	Y	Y
城市聚类	Y	Y	Y	Y
地区×时间/时间^2	Y	Y	Y	Y
Observations	6954	8678	8678	8678
R-squared	0.076	0.1352	0.1377	0.1373

注:括号内为标准误,** 和 *** 分别表示5%和1%的显著性水平。

除了内生性问题,本章的回归结果还可能受到指标测度和关键变量缺失等一系列的影响。

第一,与文献中的做法一致(黄玖立,李坤望,2013;魏下海等,2015;梁上坤,陈冬华,2017),囿于数据的不可获得性,本章所使用的业务招待费是加总层面数据,并没有区分其具体指向的对象,当然也无法明确专门针对税务机关的业务招待费。尽管这一问题并不影响本章因果推断的成立与否[①],但仍包含了太多噪声。为了最大限度地剔除与征纳合谋无关的业务招待费支出的影响,参考 Dhaliwal 等(2011)的研究,尝试构建出企业业务招待费的预测模型,模型中的解释变量包括企业的销售费用、财务杠杆、高新技术企业认定等各种可能影响企业业务招待费支出规模的因素[②],然后以上述预测模型的回归残差为解释变量,重新考察征纳合谋对于企业逃税的影响。由于拟合模型中已经尽可能考虑到企业的其他特征,因此拟合的过程就把企业与其他政府部门(国土、质检、工商等)合谋考虑在内,剩下的模型残差就剔除了这些部门对企业纳税的影响。回归结果如表 1-5 第 1 列所示,可以看到,在剔除了部分业务招待费的噪声之后,其系数仍然显著为正,且如前文预计的,系数大小较基本回归中的系数有所上升。

表 1-5　　　　　　　　　稳健性检验二

变量名	基于残差回归	母子公司税率差异	更换逃税指标1	更换逃税指标2	平衡面板	增值税实际税率
EC	0.624*** (0.128)	0.567*** (0.0809)	0.238*** (0.0733)	-0.0212*** (0.00204)	0.501*** (0.0659)	-0.638 (1.964)
$Size$	0.0296*** (0.00619)	0.0129 (0.0172)	0.0103 (0.0103)	0.0229*** (0.00518)	0.0453*** (0.0107)	-0.00179 (0.0111)
Roa	0.0968** (0.0415)	0.0767 (0.18)	-0.534*** (0.118)	0.313*** (0.0334)	-0.157 (0.127)	-0.0432 (0.0877)

---

① 单从影响的有无来说,基于加总业务招待费的估计通常会低估特定部门的贿赂对企业的影响。以本章的研究为例,如果基于加总业务招待费的估计能够证明征纳合谋对于企业逃税的影响,那么在剔除噪音的情况下,基于细分业务招待费估计出的系数只会更大。
② 具体包括:盈利能力、销售费用、财务杠杆、企业成长性、投资性房地产收益、长期借款、行政性处罚次数与金额、高新技术企业等各类认证数量、企业涉各类仲裁案件数量、无形资产净额、净资产收益率等。

续表

变量名	基于残差回归	母子公司税率差异	更换逃税指标1	更换逃税指标2	平衡面板	增值税实际税率
$Capital$	-0.0147 (0.0250)	-0.0505 (0.0433)	0.0571** (0.0238)	0.00696 (0.0173)	-0.0252 (0.0306)	-0.101 (0.0958)
$Inventory$	0.206*** (0.0312)	0.267*** (0.0871)	-0.0414 (0.0469)	0.0256 (0.0193)	0.170*** (0.0622)	-0.0934* (0.0528)
Lev	-0.000668*** (0.000208)	-0.0006 (0.00052)	-0.00049* (0.00026)	-0.0004*** (0.000113)	-0.0012*** (0.000353)	-0.000308 (0.000453)
年份	Y	Y	Y	Y	Y	Y
城市聚类	Y	Y	Y	Y	Y	Y
地区×时间/时间²	Y	Y	Y	Y	Y	Y
Observations	7521	5212	8601	8676	5741	8423
R-squared	0.108	0.154	0.137	0.186	0.147	0.11

注：括号内为标准误，*、**和***分别表示10%、5%和1%的显著性水平。

第二，本章采用账面—应税收入差异来度量企业逃税，在该指标的构建中用到上市公司的适用所得税税率这一变量。事实上，在中国的上市公司中，母公司和子公司的适用税率通常并不一样，而母公司的会计收益通常又包含了来自子公司的部分收益，因此，理论上讲，本章所测算的账面—应税收入差异可能包含了母子公司税率差异所带来的部分。当然，如本章在模型设定部分所描述的，所有基于账面—应税收入差异对于企业逃避税的度量都是以该差异对企业应计项目回归后的残差表示的。换句话说，该度量方法并不表示企业的绝对逃避税程度，而是通过其变化来捕捉各种影响企业逃避税的因素。因此，从这个角度讲，尽管母子公司名义税率的差异可能会影响账面—应税收入差异的绝对值，但如果这种差异就像税法与会计之间的差异一样保持稳定的话，则并不构成对本章度量方法和基本结论的影响。这也是本章在逃税指标测算中，只以母公司税率为基准，而没有考虑母子公司之间税率差异的原因。不过，为了更为严格地剔除税率差异带来的影响，在基本回归的基础上剔除了存在税率差异的样本，回归结果如表1-5第2列所示，可以看到，核心变量的系数并不受样本剔除的影响，仍非常稳健。

第三,在有关逃税的测度方面,不同文献对于账面—应税收入法的具体实践存在一定的争议。具体而言,账面—应税收入法以账面—应税收入差额为基础,将其对企业总应计(total accruals)进行回归后的残差作为逃税的度量,以剔除企业正常的盈余管理行为。尽管这一基本思路被广为接受,但在关于总应计应该涵盖的范围上,不同的文献存在不同做法,如 Desai 和 Dharmapala(2006)提倡包括所有的应计项目,但 Thomas(1998)等却认为存在不影响企业应纳税所得额调整的非经营性应计项目,因而只使用经营性的应计项目来进行回归。本章在基本回归中采用了 Desai 和 Dharmapala(2006)的做法,但为了避免度量方法的差异对结果产生影响,重新按照 Thomas(1998)的思路计算了逃税的变量。具体回归结果如表 1-5 第 3 列,可以看到,此时招待费用支出的系数仍然显著为正。进一步的,在第 4 列回归中,尝试放弃账面—应税收入法,而采用企业的实际税率作为被解释变量进行回归,此时招待费用支出的系数显著为负,表明更多的业务招待费支出降低了企业的实际税率,与前文逃税增加的逻辑保持一致。上述两个回归结果表明,逃税的度量差异并没有威胁基本结论的成立。

第四,从表 1-1 的数据描述统计可以看到,本章的样本由于业务招待费支出数据的不可获得而存在较为严重的缺失,为了避免上述关键变量的缺失对结果造成影响,在表 1-5 的第 5 列中,剔除了存在样本缺失的企业,仅保留了在全部 5 年中均报告业务招待费的企业样本,并基于上述平衡面板数据重新回归。从回归结果来看,与此前的回归结果相比较,基于平衡面板数据的回归结果并不存在明显的差异。

第五,以增值税的征管作为背景进行一项安慰剂试验(placebo test)。在本章的逻辑中,必要的税收征纳互动空间是征纳合谋存在的前提条件,也就是说,只有税收征管人员对于具体税种的征管具备较大的自由执法权限,企业的贿赂性支出才会相应转换为逃避税程度的增加。对此,一个合理的反事实逻辑是,在人为征管空间不足的税种中,征纳合谋对于企业逃税的影响也缺乏必要的基础。以增值税的征收来检验上述逻辑,不同于企业所得税,我国的增值税以购进扣税法作为征收基础,整个征管过程主要依赖于专用发票的管理和纳税人之间的互相制衡,除了企业自身所处的行业和管理的规范程度之外,其税负水平的高低较少受到税收征管人员的影响。以企业增值税的实际税率作为被解释变量重新进行回归,遵循一般的做法,以企业当期的增值税税额与销售收入的比值度量实际的增值税税负,回归结果如表1-5第6列所示,可以看到,此时业务招待费支出的系数并不显著,表明增值税良好的税制设计极大地压缩了征纳合谋和企业寻租的空间,同时也反过来进一步印证了本章的基本结论。

(二) 拓展性分析

首先,考察宏观腐败水平对于征纳合谋的影响。理论上,地区整体腐败水平反映了领导干部普遍的创租倾向,在腐败水平越高的地区,对领导干部进行约束的制度缺失更为严重,领导干部越愿意运用手中掌握的权力和资源进行创租。Baumol (1990) 认为,制度机制对于资源配置的引导是否正确是评价一国社会经济发展的最重要指标。因此,一个腐败的社会必然是一个鼓励非生产性行为和寻租的社会,在这样的环境中,征纳合谋也更容易发生,其对逃税的影响也会更大。为了验证这一逻辑,对模型 (1-4) 进行了修改,在控制变量中加入了地区宏观腐败水平及其与业务招待费支出的交互项,回归结果如表1-6第1列所示,此时交互项的系数显著为正,表明在腐败水平更高的地区,征纳合谋也更容易发生,反映在回归中,业务招待费支出对于企业逃税的影响也更大。

表1-6   拓展性分析

变量名	与宏观腐败交互	与政治关联交互	名义税率为15%	名义税率为25%	净利润
EC	0.449*** (0.165)	0.725*** (0.0815)	0.245 (0.675)	0.51*** (0.179)	0.276** (0.112)
$Corru$	0.013 (0.0252)				
$Corru \times EC$	0.402** (0.181)				
$Political$		-4.86e-05 (0.004)			

续表

变量名	与宏观腐败交互	与政治关联交互	名义税率为15%	名义税率为25%	净利润
$Political \times EC$		-0.0415*** (0.0108)			
$Size$	0.0657*** (0.0142)	0.0296*** (0.0107)	0.0596*** (0.00416)	0.0415*** (0.00994)	0.394*** (0.041)
Roa	-0.114 (0.142)	0.0924 (0.128)	0.139*** (0.0339)	-0.328*** (0.0821)	
$Capital$	-0.0017 (0.0323)	-0.0171 (0.0280)	-0.0268 (0.0191)	-0.00421 (0.0562)	0.181* (0.1)
$Inventory$	0.189*** (0.0623)	0.177*** (0.0632)	0.0931*** (0.0353)	0.209*** (0.0513)	0.671 (1.147)
Lev	0.0014*** (0.0003)	-0.000586 (0.000369)	-0.00194*** (0.000160)	-0.000362 (0.000428)	-0.0023*** (0.0005)
年份	Y	Y	Y	Y	Y
城市聚类	Y	Y	Y	Y	Y
地区×时间/时间^2	Y	Y	Y	Y	Y
Observations	6593	7861	4985	3173	8815
R-squared	0.111	0.137	0.12	0.147	0.309

注：括号内为标准误，*、** 和 *** 分别表示 10%、5% 和 1% 的显著性水平。

其次，大量文献考察了政治关联对于企业逃税的影响（吴文锋等，2009；罗党论，魏翥，2012；李维安，徐业坤，2013）。其基本逻辑是，政治身份一方面可以为企业争取到更多的税收优惠，另一方面也增加了企业合法影响政府决策和游说政府的渠道。当面临税务征管部门的稽查时，企业可以充分利用自身的政治身份游说政府，并进而影响税务稽查的有效性和独立性，降低自身逃避税的成本。因此，显而易见的是，政治身份的存在会降低企业进行征纳合谋的意愿。换句话说，企业的合法游说手段将对不合法的贿赂行为形成替代作用。与之前的回归一样，同样加入政治关联与业务招待费支出的交互项来验证上述逻辑。在表1-6第2列中，可以看到，在控制水平项和时间固定效应的情况下，交互项的系数显著为负，说明企业的政治关联度越高，其通过贿赂的方式进行合谋的概率越低，业务招待费支出对于企业逃税的影响也更小，从而证实了政治关联对于征纳合谋的替代作用。

再次，名义税率的差异也是异质性的一个重要来源。理论和经验研究的证据都表明，名义税率与逃税之间呈现显著的正相关关系，税率越高，企业的逃税动机越强烈，逃税额也越多（Allingham and Sandmo，1972；Fisman and Wei，2004）。从本章的逻辑上讲，逃税动机的变化实际上反映了征纳合谋动机的变化，在较高的名义税率下，企业的合谋动机同样也会越强烈，进而贿赂性支出对于企业逃税额的影响会更明显。通过分样本回归的方式来考察上述名义税率水平产生的异质性结论。在中国的税法中，企业所得税的一般税率为25%，优惠税率则分为多种，其中最常见的为高新技术企业所享受的15%的企业所得税税率。在表1-5的第3和第4列中，按照名义税率水平的差异分别进行回归，可以看到，业务招待费支出的系数在15%的低税率组并不显著，而仅在25%的高税率组显著为正。这充分说明，足够的逃税动机是征纳合谋影响企业逃税的前提条件，而名义税率水平的差异则构成了合谋动机差异的一个重要来源。

最后，还需要考虑一个激励相容的问题。作为一个理性经济人，对于企业而言，只有在合谋的收益大于成本的情况下，合谋才是潜在的选项。换句话说，征纳合谋发生的前提是企业的逃税收益大于其寻租性贿赂支出。在前文的基本回归中，已经在微观上观测到企业逃税的增加，尽管不能直接比较企业的贿赂支出与逃税收益之间的大小，但理论上，这会在企业的税后净利润上有所体现。在表1-6第5列中，以企业的净利润作为被解释变量来检验上述逻辑，从系数来看，此时业务招待费支出的系数仍然显著为正，说明此项支出的增加带来了净利润的增长，更加充分说明了其背后征纳合谋的逻辑。

六、结论与政策建议

宏观制度环境的好坏对于遏制逃税至关重要。在一个鼓励寻租的制度安排下，征纳双方的合谋会导致广泛的企业逃税，并给国家造成大量的税收收入损失。基于 2010~2014 年中国上市公司的微观数据，本章从经验上证实了征纳合谋对于企业逃税的影响。以企业的业务招待费支出作为其贿赂支出的代理变量，并采用账面—应税收入差异度量企业的逃税。实证研究发现，企业的业务招待费支出占比越高，其逃税程度也越高。由于现实中征纳合谋通常表现为纳税人对税务征管人员的寻租性贿赂，因此上述结论事实上证明了征纳合谋是造成企业逃税的重要原因。

进一步，从企业的角度来讲，合谋是为了逃避税，因此企业逃税动机的强弱也会带来征纳合谋动机的强弱。反映在实证上，可以发现，逃税动机较强的私营企业和名义税率较高的企业，其业务招待费支出与企业逃税程度的关系更加密切，而相反，在逃税动机较弱的国有企业、中央企业以及享受优惠税率的高新技术企业中，两者的关系则基本不显著。此外，反腐败力度的提高增加了征纳合谋双方的成本，研究发现，在 2013 年中央"八项规定"实施之后，征纳合谋成本增加，此时业务招待费支出对于企业逃税的影响显著下降。最后，企业的政治关系会形成对合谋动机的替代，在政治关联强度越高的企业，业务招待费支出对于企业逃税的影响也相对较小；与此相反，地区的整体腐败水平则会强化上述业务招待费支出的逃税效应。

本章的研究对于加强税收征管和提升国家的财政汲取能力具有重要的政策启示。征纳合谋的产生源于制度供给的缺失，因此，加强税收征管制度的建设，特别是压缩税收征管人员的自由裁量权空间，对于减少企业逃税具有重要意义。此外，宏观反腐败力度的提升以及第三方收入报告制度的建立能增加征纳合谋的成本，是破解征纳双方合谋的现实选择。

第二章
税收分成、税收努力与企业逃税
——来自中国上市公司的经验证据*

* 发表于《管理世界》，2016年第12期。

一、引 言

任何一个无力为实现它的政策目标动员足够财力资源的政府不可能是高度有效的。作为从社会中动员财力的重要体现，国家的税收汲取能力是所有其他国家能力的基础，也是关系国家政权存亡的先决条件（王绍光，1997；Besley and Persson，2012）。但在现实中，企业逃税行为的广泛存在却构成了对国家能力的严重削弱。以发达国家为例，国内税收服务局（IRS）的一项估计表明，美国公司在2001年的所得税逃税额接近300亿美元，占总额的17%（Slemrod，2007）。而据Schneider和Ernste（1999）的一项测算显示，OECD国家中非正式部门在整体经济中的份额占GDP的10%~30%，这些部门是很少缴纳税收的。同样，Silvani和Brondolo（1993）针对19个发展中国家逃税情况的计算表明，这些国家增值税的平均逃税率达到31.5%。中国企业的逃税行为同样普遍，无论是国家税务总局针对100多家重点税源企业的税务稽查，还是国家审计署针对60多家医药企业的税务审计，所揭露出的企业逃税规模都远超我们的想象①。

众多文献从制度和市场环境的角度对企业逃税的成因进行了解释，如认为在金融制度更为健全的国家，由于较少使用现金交易，税收稽查更为容易；公司治理环境更好的国家，其会计制度更为健全，也更少避税和逃税；并且市场竞争压力越大的企业更有激励进行逃税（Desai et al.，2007；Wingender，2008；Cai and Liu，2009）。而事实上，来自征税机关的税收努力程度也是影响企业逃税的一个不容忽视的重要因素。税收努力的提升意味着企业逃税被发现的概率上升，从而在客观上增加企业逃税的成本（Slemrod and Yitzhaki，2002；Slemrod，2007）。在有关解释中国1998~2006年"税收增长之谜"的文献中，征管部门税收努力程度的提升被认为是导致税收收入快速增长的主要原因（高培勇，2006；吕冰洋，李峰，2007；王剑锋，2008；周黎安，刘冲，厉行，2011）。尽

---

① 来源于《国务院关于2014年度中央预算执行和其他财政收支的审计工作报告》。

管如此，鲜有文献从微观实证角度来考察税收努力对企业逃税的影响，其中的难点在于如何准确地度量与逃税有关的税收努力程度。

已有关于税收努力程度的度量方法主要分为以下几类：一是税收努力指数法，即以某一地区的实际税收收入与潜在税收收入的比值来度量税收努力（Lotz and Morss，1967；Bhal，1971，1972；Leuthold，1991；胡祖铨等，2013；刘怡，刘维刚，2015），其背后的逻辑是，在给定潜税基的情况下，实际征收的税收收入主要取决于征管机构的税收努力程度；二是借鉴企业技术效率的测算方法，在给出决定税源的宏观经济变量后，采用 DEA 或 Malmquist 指数测算地区的税收征管效率，用以反映地区的税收努力程度（崔兴芳等，2006；吕冰洋，李峰，2007）；三是采用一些客观的指标，如税务机关人数、税务工作人员的平均受教育工作年限以及税务稽查的查实率等，间接地反映税收努力程度的差异（王剑锋，2008；周黎安，刘冲，厉行，2011）。事实上，无论是指数化的度量还是客观的指标度量，一个共同的缺陷是无法准确地将税收能力（tax capacity）的因素从上述税收努力（tax effort）的指标中分离出来。此外，从税收努力影响企业逃税的角度看，由于上述指标反映的税收努力程度是可观测的，那么在理论上，逃税倾向高的企业就有可能会主动选择到税收努力程度低的地区进行经营，导致两者之间的因果关系方向难以确定。范子英和田彬彬（2013）曾尝试利用所得税征税机构的外生变化来度量税收努力的影响，但该研究同样存在无法区分税收能力与税收努力的问题。

中国在 2002 年所实施的所得税分享改革为我们解决上述问题提供了有利的契机。在这次改革中，企业所得税由地方税变为中央—地方共享税，地方政府在企业所得税中的分成比例由之前的 100% 下降为 50%，并且在 2003 年进一步下降为 40%。理论上，税收分成比例下降的直接后果是税收征管权和税收收益权的分离，并在边际上导致税收征管努力小于税收征管收益，造成地方政府税收努力程度的下降（吕冰洋，2009）。同时，在征管体制方面，为了避免税收竞争对中央财力的侵蚀，中国早在 1994 年就将税收征管机构分设为国税局和地税局，前者由中央政府垂直管理，后者则隶属地方政府，因而税收分成比例的变化仅能影响地税局的税收努力（Ma，1997）。基于上述背景，利用 1998~2007 年中国 17 万家制造业企业数据，本章考察了税收努力的上述外生变化对于企业逃税的影响。来自倍差法（difference-in-difference）的研究结果表明，与在国税局缴纳所得税的企业相比,地税局管辖企业的所得税逃税水平在税收分成比例下降后更为严重。并且,这一效应存在区域之间的异质性,在税收收入增长更快的东部地区体现得更为明显。上述结果通过了一系列的稳健性检验。需要说明的是,由于样本企业面对的征税机构在改革前后不存在差异,因而上述结果排除了税收能力的干扰,而仅仅是税收努力下降所导致的。

与本章的研究直接相关的一些文献是有关政府间财权配置(fiscal arrangement)与地方政府行为的重塑。例如,Jin 等(2005)发现,地方政府税收留成率的提高是中国经济在 1981～1992 年实现高速增长的重要原因。周飞舟(2006b,2007,2010)的系统研究表明,分税制以来财权的上收改变了地方政府的发展模式,地方政府更多地由"经营企业"转向"经营城市",同时将组织税收收入的主要精力集中于营业税等地方税种上。Li 和 Kung(2015)则直接考察了 2002 年的所得税分享改革,发现企业所得税分成比例的降低使地方政府更加倾向发展房地产和建筑行业,以营业税和预算外收入的增长来弥补企业所得税分成的损失。而与上述研究相对应,本章的研究表明,在税收征管资源有限的前提下,地方政府将营业税等地方税种作为征收重点的前提是降低企业所得税的税收努力程度,这在微观上导致了企业所得税逃税的增加。

二、制度背景与理论假说

(一)制度背景

熊彼特曾说过:财政上的变化是一切变化的重要原因。过去 30 多年中国中央和地方关系的变迁,财政体制的改革在其中发挥了重要的作用。早在 20 世纪 80 年代,为了激发地方政府发展经济和组织财政收入的积极性,中国政府将财政体制由原来的"统收统支"改为"财政包干"制度。与以往毫无税收自主权相比,在"财政包干"体制下,地方政府的财政收入与经济发展水平直接相关,除去需要定额上解中央政府的收入外，地方政府可以完全拥有税收收入的剩余索取权（residual claimant）。这极大地激励了地方政府最大化本地财政收入的动机，并进而推动地区之间为增长而竞争，加速政府和市场的转型，并最终形成高效率的市场经济（Qian and Weingast，1997）。

理论上，剩余索取权的获得能够极大地提升地方政府的税收努力程度，有利于地方预算内税收收入的增长。但在实际运行中，由于单纯的包干或定额上解使中央政府无法分享地方经济发展和税收收入的增长效应，导致中央政府与地方政府的财政收入比例逐步缩小，再加上中央财政还需要对落后地区进行补助，其面临的财政压力可想而知。于是，在20世纪80年代中后期，中央政府对"财政包干"体制进行了调整，将原有的"定额包干"逐步改为"总额分成""收入递增包干""上解额递增包干"等办法，希望能使中央财政与地方财政实现同步增长。但上述调整却进一步诱发了地方政府的道德风险行为，由于财政包干制仅对预算内的收入进行承包，预算外的收入则全部归地方政府所有，这样，在税收征管权由地方政府控制的情况下，各地为了最大化本地财政收入，尽最大可能减少中央分享的比重，一方面将税收努力的重点从预算内收入转向预算外收入，另一方面则是积极地将原本属于预算内的收入转移到预算外，如用收费的形式替代规范的税收。如此，中央政府的财政收入并未实现增加，反而导致了所谓"两个比重"的下降，即预算内的财政收入占GDP的比重从1984年的23%下降到1993年的10.7%，中央财政收入占全国财政收入的比重从41%下降至22%。

在财政危机的压迫下，中央政府又一次对政府间财政关系进行了大幅调整。1994年，全国统一实施的分税制改革正式出台。与原有的财政包干体制相比，在分税制体制下，中央政府通过划分税种的方法来参与地方财政收入的分享。在分享范围方面，消费税、中央和外资企业所得税以及海关代征的增值税和消费税等被划为中央税，完全归中央政府所有。而营业税、地方企业所得税和个人所得税等则被划为地方税种，完全归地方政府所有。同时，对于在税收收入中占比最大的增值税，则被划为中央—地方共享税，中央和地方的分享比例分别为75%和25%。

不仅如此，税分享机制的变化还伴随着税收征管体制的改革。为了提高征税机构的独立性，保护中央的税源不受地方政府的干扰，特别是防止原有隶属于地方政府的税务机构在征收中央税种时税收努力的不足，中央政府将原有的税收征管系统划分为国税和地税两个完全独立的系统，分别负责征收中央税和地方税。其中，国家税务系统采取垂直管理的模式，下一级国税局在机构、人员编制、财务和职务任免等方面均由上一级国税局进行管理，与国税局所在的地方政府并不存在隶属关系。而相反，地方税务系统的管理权限则掌握在地方政府的手中，其机构设置和人员编制都由地方政府负责。从税收努力的角度来说，分税制改革以及国地税分设的最大作用是确保了地方政府的税收征管权和税收收益权的统一和一致，征税的边际成本等于边际收益，因而是一种有效率的制度安排（吕冰洋，2014）。

进一步的，对于采取分成模式的中央—地方共享税如增值税等，同样为了防止地方政府因为分成比例下降而导致的税收努力不足，所有的共享税均被划入国税系统的征管范围，这大大提升了共享税种的税收执法力度和税收努力程度，以增值税为例，国税系统自1994年起就开始实施"金税工程"，以加强增值税的征收和稽查。不过，这一做法在2002年进行的所得税分享改革中并没有得到延续。为了使中央政府有充足的财力支持西部大开发的建设，同时也为减少地方政府在税收竞争中造成的所得税征管的损失，在2002年，中央推行了新一轮的财税体制改革，将原属于地方政府税种的企业所得税和个人所得税变为中央—地方共享税。具体做法是，中央政府保证各地区2001年实际的所得税收入基数基础上，对2002年之后各省的所得税增量部分实行分成，其中2002年的分成比例为中央地方各50%，2003年则调整为中央60%，地方40%①。

理论上讲，当一个税种由地方税变为共享税时，其对应的征税机构也应该由地税转移到国税。不过在进行政策设计时，考虑到大量企业信息的搬迁会增加国税、地税之间的衔接困难，中央政府对企业所得税的征管机构做出了"一刀切"的决定，规定在2002年之前成立的老企业仍然在原来的地税局缴纳企业所得税，只有2002年后新成立的企业才在国税局缴纳所得税。这意味着，相同类型的企业仅仅因为成立时间的差异而需要面对完全不同的税收征管机构。特别是对于2002年前成立的老企业而言，尽管征税机构并没有发生变化，但税收分成比例的下降还可能使它们在改革前后面对完全不同的税收努力程度。需要

---

① 详见《国务院关于印发所得税收入分享改革方案的通知》。

指出的是，有两类企业不受这次改革的影响，一是中央企业的所得税一直归中央所有，因而自 1994 年开始就由国税局负责征管；二是涉外（含港澳台地区的）企业，考虑到其特殊性，也一直由国税局负责征收所得税。① 表 2－1 展示了 2002 年所得税分享改革之后国地税征收企业的范围，可以看出，改革前后一直由地税局负责征管的企业只有 2002 年之前成立的非央企和非外资企业（含港澳台地区的企业）。

表 2－1　　　　　　国税局和地税局征管所得税的企业类型

	2002 年之前	2002 年之后
国税局	央企 + 外企	央企/外企 + 2002 年后成立企业
地税局	非央企/非外企	2002 年前成立的非央企/非外企

（二）理论假说

在经典的委托代理理论中，信息不对称的情况下，如果代理人的努力程度与所获报酬相关性降低，那么代理人将尽量降低自身的努力水平（Holmstrom，1979；Bester and Strausz，2001）。吕冰洋（2009）研究了不同模式的政府间税收分权配置，认为在税收分成合同下，地方政府仅拥有税收收入的"部分剩余索取权"，这会使地方政府产生偷懒的激励，从而放松自身的税收征管力度。在一个最优的政府间税权配置模式中，地方政府的税收努力程度是其分成比例的增函数，分成比例的下降会降低地方政府的税收努力程度（刘怡，刘维刚，2015）。

此外，基于税收竞争的框架，Cai 和 Treisman（2004）认为，在地方政府拥有税收征管权的前提下，税收分享并不能有效地纠正地方政府间税收竞争造成的税源损失，理由在于地方政府会积极地帮助企业逃避缴纳税收，进行税收努力层面的税收竞争。不仅如此，范子英和田彬彬（2016）认为，在政企合谋的背景下，税收分成比例的下降事实上降低了地方政府实施违规减税的成本，从而进一步放松税收征管力度，在微观上鼓励企业的逃避税。

需要指出的是，由于 2002 年的所得税分享改革实行的是增量分成，因此对

---

① 参见《国家税务总局关于所得税收入分享体制改革后税收征管范围的通知》。

于不同地区不同的所得税增长速度，分成比例的下降对于税收努力的影响也是不同的。显而易见的是，对于所得税收入增长更快的地区，被分享收入的规模会越大，从而税收努力的下降会更为明显。

基于上述分析，提出如下有待检验的理论假说：

假说1：企业所得税分成比例的下降降低了地方政府的企业所得税努力程度，在微观上导致了地税局管辖企业逃税的增加。

假说2：在所得税税收收入增长更快的地区，税收分成比例下降对于税收努力的影响也更大，相应的企业逃税也会更严重。

三、研究设计

（一）逃税的测度

在理论上，逃税与避税是可以严格区分的，两者的目的都是减少纳税额，两者最大的差异在于其手段是否合法。但在实践层面，关于合法性的界定是非常模糊的，一方面法律有时是模糊不清的，没有对合法性进行严格界定；另一方面即使法律是清晰的，执法机关和纳税人也不是完全了解法律。在大多数的实际操作中，当执法部门发现企业少交税款时，由于很难界定企业是避税还是逃税，因此一般也只是要求企业补交税款，很少采用罚款的手段。而在所有的实证研究中，逃税和避税是交替使用的（Slemrod and Yitzhaki, 2002），在关于中国企业逃税的研究中，有的使用了逃税（马光荣，李力行，2012），有的使用了避税（Cai and Liu, 2009），实证文献有时候还使用更中性的表述，如税务违规。遵循已有文献的做法，本章不区分避税和逃税。

由于企业的逃税是隐蔽的，因此一般都很难直接进行观察。其中，Fisman 和 Wei (2004) 的研究是少数能够直接度量逃税的文献，他们非常巧妙地捕捉到中国香港出口和大陆进口的数据之差，将之定义为逃税（走私），并研究了中国大陆的关税如何影响逃税；与此类似的是，大多数针对个人的逃税研究，也是将事先和事后汇报的收入之差作为逃税的测度（Slemrod，2004；Kleven et al.，2011）。按照同样的逻辑，如果我们可以获得企业两次汇报的收入，也可以用来度量企业逃税；企业经营者会向两个不同的机构进行汇报，其中面向企业股东的是账面收入，面向纳税机构是应税收入，企业的管理层有激励向前者报告真实的业绩、向后者隐瞒收入，因而账面收入和应税收入的差异就能反映企业逃税的多少，这就是账面—应税收入法（Desai，2005；Desai and Dharmapala，2006）。

账面—应税收入法的问题在于仅能度量上市公司的逃税，非上市公司无法获得账面收入，因而不能直接采用账面—应税收入法。针对非上市公司，度量企业逃税的常用方法是实际税率法（effective tax rate，ETR），实际税率是企业的税收支出除以税前收入，企业逃税越多会导致实际税率越低，该方法在逃税的相关文献上有非常广泛的应用（Dyreng et al.，2008）。由于本章所研究的企业主要是非上市公司，因而只能采用实际税率的方法来度量企业的逃税。地方政府税收努力的降低，主要表现在减少企业的税务稽查，降低税收征管力度，这些都体现为企业的实际税率普遍较低。

以我国 2002 年的所得税分享改革为背景，考察税收努力的变化对于企业所得税逃税的影响。事实上，在我国现有的税种中，只有企业所得税的征收和监管严重依赖于征管机构的努力水平，企业所得税的应税额是将经营成本从营业收入中扣除之后的余额，因此企业很容易通过低报收入或者高报成本的方式来逃税，这时就需要基层的税务征管机构对企业的账目进行仔细的审查，即"查账征收"。因此，从这个角度讲，税收努力的变化主要影响的是企业所得税的逃税规模。相反，增值税科学的税制设计使得人为操作的空间非常有限，增值税采取的是进销项抵扣的方式，下游企业有激励要求上游企业开具真实的增值税发票，否则下游企业将承担过高的增值税负担，因此企业之间的相互制衡避免了增值税逃税，并且一旦增值税逃税被查实，所有的中间厂商都无法幸免，这也加大了增值税逃税的风险。

（二）数据来源

所使用的企业层面的微观数据来自中国工业企业数据库（1998~2007 年），

该数据库是目前可获得的最大的中国企业层面数据库，被广泛用于各领域的研究。根据需要，对企业层面的数据做了相应处理，首先，按照 Brandt 等（2011）的做法将 1998~2007 年的截面数据合并为一个面板数据集，依据所调查企业的法人代码、企业名称、地址、电话号码等信息对不同年份间的企业进行识别，再进行组合；① 其次，对数据进行了基本的清理，如删除缺少关键变量的观察值、删除明显不符合逻辑关系的观察值、删除销售额明显小于 500 万元的企业、删除了上下各 0.5% 分位数的样本；此外，删除了应交所得税小于 0 和实际所得税税率大于 1 的样本。最后的样本是 1998~2007 年范围内的观测值共计 1770845 个。

（三）模型设定

采用倍差法来考察税收分成比例的下降对于企业逃税的影响。近年来，倍差法被广泛地用于各类公共政策的评估分析中，为解决传统分析中所经常面临的内生性问题提供了良好选择，该方法借鉴了自然科学实验中的一般原理，通过比较处理组和对照组之间的差异来评估政策效果，即假设在一个群体中，有一些个体受到了某项政策的影响，而另外一些个体没有受到该政策的影响，那么，受到影响的个体就构成处理组，而没有受到影响的个体则构成相应的对照组，再比较处理组和对照组在政策实施前后差异的变化就构成了该政策所造成的净影响。在政策和制度背景下，受到税收分成比例下降影响的 2002 年之前成立的非央企和非外资企业，是本章的处理组；而对照组则是一直在国税局缴纳所得税的央企和外资企业，后者被排除在分成比例变化的影响之外。式（2-1）是采用倍差法进行估计的模型：

$$ETR_{it} = \beta_0 + \beta_1 Post + \beta_2 Treat + \beta_3 (Treat \times Post) + \beta_4 X_{it} + \varepsilon_{it} \quad (2-1)$$

其中，下标 i 是企业；t 是年份；ETR 是实际税率，用企业应交所得税与利润总额的比值表示，企业实际税率越低表示逃税越严重；$Post$ 是政策变化前后的时间

---

① 简单来说，首先基于企业的法人代码将相同的企业匹配起来，没有匹配上的再用企业的名称来匹配，法人代码和企业名称都没有匹配上的再用企业的法人代表及地区代码、行业代码来匹配，若仍然没有匹配上的最后再用企业的建厂时间、电话号码、所在街道地址和主要产品来匹配。

虚拟变量，2002 年后取值为 1，之前则取值为 0；Treat 表示是否为处理组的虚拟变量，2002 年之前成立的非央企和非外资企业取值为 1，外资企业与中央企业取值为 0。

从模型（2-1）可以看出，对于对照组企业而言，2002 年的所得税分享改革之后，其逃税的变化为 β_1。而对于处理组企业，改革之后逃税的变化为 $\beta_1 + \beta_3$。因此，β_3 估计的是地方政府税收分成比例变化对于处理组企业逃税的净影响，也是我们最感兴趣的系数。按照前述的分析和理论假说，税收分成比例的下降会降低地方政府的税收努力程度，因而在微观上会导致在地税局缴纳所得税的企业逃税更多，因此我们预期 β_3 应该显著为负。

X 是控制变量，包括公司金融领域常用的变量，如企业规模、贷款能力、资本密集度、存货密集度以及企业的盈利能力等。首先，采用企业雇员数量的对数值代理企业规模，企业规模越大，越容易成为"重点税源企业"，受到税务部门的稽查更多，其逃税成本更大，因而企业规模越大逃税越少（Zimmerman，1983；Slemrod，2007）；其次，在公司金融领域，利息具有抵税的功能，企业可以通过更多的负债来冲减自身应缴纳的税收，因而财务杠杆率越高的企业其实际税率会越低，逃税越多，采用企业年末负债与总资产的比值作为企业财务杠杆的代理变量（Stickney and McGee，1982；Porcano，1986）；再次，资本密集度和存货密集度是另外两个影响企业实际税率的因素，由于企业可以通过长期资产的加速折旧来进行逃税，因而资本密集度越高的企业其实际税负率也就越低，而资本密集度越高意味着存货密集度越低，因而企业的存货密集度与实际税负理论上存在正相关的关系（Gupta and Newberry，1997；Derashid and Zhang，2003），分别用年末固定资产净值与年末资产总计的比值，以及年末存货余额与年末资产总计的比值来表示资本密集度和存货密集度；最后，企业的盈利能力也与企业的实际税负存在一定的关系，但现有研究对于企业盈利能力是提高还是降低企业的实际税负尚未形成统一的结论（Wilkie and Limberg，1993；Rego，2003），我们用企业税前利润占总资产的比值来表示企业的盈利能力。

需要说明的是，在倍差法的运用中，对照组和处理组在接受处理前因变量的变动趋势应该一致，因为只有这样才能根据对照组在处理后的值，推算处理组没有接受处理的情况（即反事实），从而通过差分得到平均处理效应。图 2-1 直观地展示了所得税分享改革前处理组企业和对照组企业实际税率的变化趋势，尽管存在轻微的波动，但两者基本呈现出相互平行的走势，这在一定程度上说明了对照组选择的合理性。

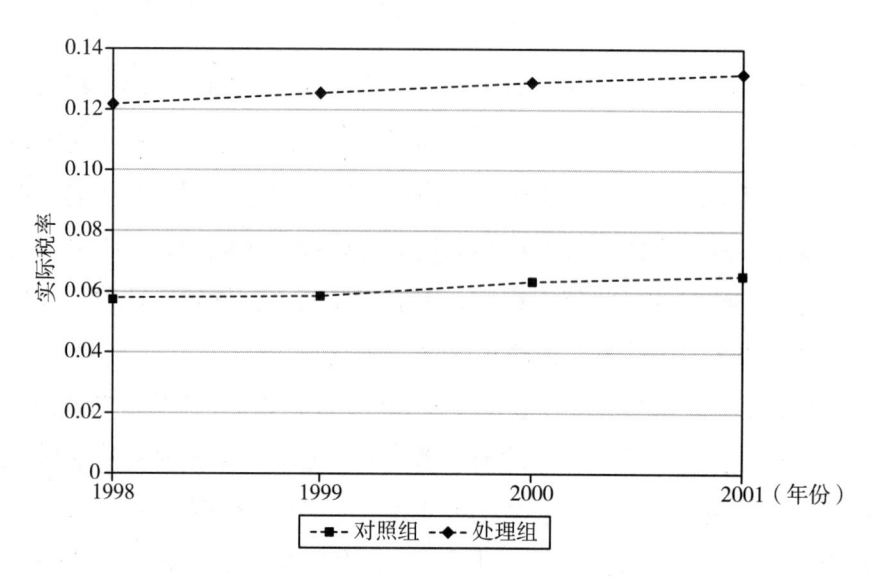

图 2-1 改革前实际税率的变化趋势

四、实证分析与稳健性检验

（一）基本回归结果

表 2-2 中列出了基本回归的结果。在第 1 列中，仅加入了构成倍差法结果的三个主要变量，即时间虚拟变量、类别虚拟变量以及两者的交互项。从回归结果来看，交互项的系数显著为负，表明相比于一直在国税局缴税的央企和外资企业，所得税的分享改革降低了地方政府的税收努力，进而提高了地税局征管企业的逃税水平。从政策影响的幅度来看，处理组企业的实际税率水平下降幅度接近 2.9 个百分点，相比于本章样本范围内整体企业 15% 的平均实际所得税税率水平，下降的幅度接近 20%。上述结果基本证实了理论假说 1，即税收分

成比例的下降降低了地方政府的税收努力,从而在微观上导致了在地税局缴税的企业更大范围的逃税。当然,企业逃税程度上升近3个百分点是样本期限内的长期平均效应,相对于税收分成比例的瞬时下降,地方政府的反应应该是一个逐渐的过程。在稳健性检验中会缩短政策的窗口期以观察短期的效应。在随后的几列回归中,逐渐加入其他的控制变量,此时交互项的系数略有下降,但仍然显著为负。

表2-2　　　　　　　　　　　基本回归结果

变量名	(1)	(2)	(3)	(4)	(5)
Treat	0.0666*** (0.00251)	0.0670*** (0.00251)	0.0666*** (0.00251)	0.0666*** (0.00251)	0.0667*** (0.00251)
Post	0.0345*** (0.00107)	0.0312*** (0.00107)	0.0324*** (0.00137)	0.0324*** (0.00137)	0.0324*** (0.00137)
Treat × Post	−0.0298*** (0.00122)	−0.0276*** (0.00122)	−0.0268*** (0.00123)	−0.0268*** (0.00123)	−0.0268*** (0.00123)
企业规模		0.0169*** (0.000517)	0.0167*** (0.000520)	0.0167*** (0.000520)	0.0167*** (0.000520)
贷款能力		−0.000480 (0.00616)	0.00186 (0.00617)	0.00191 (0.00617)	0.00191 (0.00617)
资本密集度		−0.0140*** (0.00152)	−0.0136*** (0.00152)	−0.0136*** (0.00152)	−0.0136*** (0.00152)
存货密集度		0.0129*** (0.00179)	0.0130*** (0.00180)	0.0130*** (0.00180)	0.0130*** (0.00180)
盈利能力		−0.00139 (0.00122)	−0.00148 (0.00123)	−0.00149 (0.00123)	−0.00150 (0.00123)
Within-R^2	0.091	0.141	0.257	0.310	0.338
观测值	1287383	1287383	1287383	1287383	1287383
年份虚拟	N	N	Y	Y	Y
行业虚拟	N	N	N	Y	Y
地区虚拟	N	N	N	N	Y

注:括号内为标准误,*** 表示1%的显著性水平。

此外，其他控制变量的估计结果都比较稳健，与现有文献的结论也基本一致。其中，企业规模的系数显著为正，表明规模越大的企业由于稽查力度较大而逃税较少；同样，财务杠杆水平越高的企业实际税率水平越高，逃税相应也越少；资本密集度越高的企业可以通过资本的加速折旧来进行更多的逃避税，我们的结果也证实了这一点，资本密集度越高的企业逃税越多，而存货密集度越高的企业逃税则相应较少；最后，企业的盈利能力增强了企业的逃税动机，结果表明，盈利越多的企业逃税也越多，实际税率水平越低，不过这一系数在统计上并不显著。

事实上，上述基本结果包含了两次税收分成比例变化的结果。在2003年，中央又调整了企业所得税的分成比例，地方政府的比例由原来的50%下调为40%。为了更进一步地区分两次变动的效果，对政策的窗口期进行了重新设定，前3列的时间范围被限定在1998~2002年，主要捕捉分成比例第一次变化带来的效应。后3列的时间范围则限定在2002~2007年，以便分离出2002年和2003年税收分成比例两次下降的效果。表2-3给出了回归的结果，与前文的结果一致，交互项的系数在两次改革中均显著为负，表明分成比例的下降降低了地方政府的税收努力程度，并进一步使企业的逃税程度有了显著提高。值得说明的是，后3列的系数绝对值要大于前3列，这主要是由更长的政策处理时间导致的。

表2-3　　　　　　　　　　　改革效应的分解

变量名	(1)	(2)	(3)	(4)	(5)	(6)
$Treat$	0.0322*** (0.0118)	0.0325*** (0.0118)	0.0317*** (0.0118)	0.0373*** (0.0102)	0.0372*** (0.0102)	0.0372*** (0.0102)
$Post_{2002}$	0.0111*** (0.00182)	0.0107*** (0.00182)	0.0107*** (0.00182)			
$Post_{2003}$				0.0101*** (0.0019)	0.00972*** (0.00176)	0.00984*** (0.00176)
$Treat \times Post_{2002}$	0.0106*** (0.00201)	0.0105*** (0.00202)	-0.0105*** (0.00202)			
$Treat \times Post_{2003}$				-0.0218*** (0.00193)	-0.0213*** (0.00193)	-0.0215*** (0.00193)
企业规模		0.0091*** (0.00211)	0.0090*** (0.00211)		0.00736*** (0.00201)	0.00743*** (0.00201)

续表

变量名	(1)	(2)	(3)	(4)	(5)	(6)
贷款能力		-0.0380 (0.0290)	-0.0370 (0.0290)		0.0373 (0.0272)	0.0357 (0.0272)
资本密集度		-0.00864 (0.00545)	-0.00884 (0.00545)		-0.00416 (0.00503)	-0.00435 (0.00503)
存货密集度		0.00705 (0.00642)	0.00704 (0.00643)		0.0280*** (0.00603)	0.0279*** (0.00603)
盈利能力		-0.00636 (0.00593)	-0.00644 (0.00593)		-0.0207*** (0.00606)	-0.0209*** (0.00606)
Within-R^2	0.11	0.163	0.276	0.124	0.187	0.293
观测值	511022	511022	511022	900637	900637	900637
年份虚拟	N	N	Y	N	N	Y
行业虚拟	N	N	Y	N	N	Y
地区虚拟	N	N	Y	N	N	Y
样本范围(年)	1998~2002	1998~2002	1998~2002	2002~2007	2002~2007	2002~2007

注：括号内为标准误，***表示1%的显著性水平。

事实上，为了保证所得税分享改革的顺利推进，尤其是保证地方原有的既得利益不受损失，在改革过程中，中央政府并没有简单地针对地方企业所得税总额按比例直接划分，而是在保证地方政府改革后分享收入不低于2001年实际征收的企业所得税总额的基础上，实行增量分成。具体做法是，以2001年地方实际得到的企业所得税为基础，减去假定2001年就实行了五五分成地方会分得的所得税份额，得出一个固定数，2002年后中央政府每年再以这个固定数向地方政府返还。在这样一个分成规则下，地方企业所得税的增长速度直接决定了地方政府在改革后的受影响程度，增长越快的省份，其被分享的所得税收入规模也越大，因而从理论层面来说，其税收努力的下降也会最为明显。从两个维度来验证第2个理论假说。首先，按照东、中、西的地理区域将样本划分为三类，考察税收努力程度的变化在区域维度上的差异。事实上，自分税制以来，我国东部、中部、西部地区的税收收入增速差距十分明显，尤其是东部地区的税收收入增速要显著高于中部、西部，并且这一趋势在2002年之后得到了进一步的强化。上述特点也同样体现在企业所得税的增长方面，在所得税分享改革之前的1996~2001年，东部地区的企业所得税增长速度明显高于中部、西部地区（欧阳明，2009）。更快地增长速度意味着更多的税收收入上解，从改革初期的统计来看，分享收入贡献最大的省份几乎全部来自东部地区（赵小剑，2003）。表2-4给出了分区域进行回归的结果，从交互项的系数来看，在所得税分成比例降低之后，相比于中部、西部地区的企业，东部地区企业的实际税率下降最多，相应的逃税规模上升最快。

表2-4　　　　　　　　　　分区域回归结果

变量名	东部	中部	西部
$Treat$	0.0486*** (0.00159)	0.0375*** (0.00418)	0.0388*** (0.00560)
$Post$	0.0251*** (0.000720)	0.0188*** (0.00251)	0.00206 (0.00291)
$Treat \times Post$	-0.021*** (0.0008)	-0.015*** (0.0026)	-0.014*** (0.003)
企业规模	0.0146*** (0.000437)	0.0164*** (0.000945)	0.0199*** (0.00138)
贷款能力	-0.00603 (0.00718)	-0.0411*** (0.00991)	-0.155*** (0.0165)
资本密集度	0.0103*** (0.000435)	0.00154* (0.000834)	0.0079*** (0.00115)
存货密集度	-0.0152*** (0.00137)	-0.0125*** (0.00255)	-0.0259*** (0.00369)
盈利能力	0.00660*** (0.00152)	0.0107*** (0.00334)	0.00850* (0.00458)
企业规模	-0.0105*** (0.00140)	0.0306*** (0.00240)	0.0675*** (0.00430)
Within-R^2	0.007	0.005	0.008
观测值	963683	209483	114217
年份虚拟	Y	Y	Y
行业虚拟	Y	Y	Y
地区虚拟	Y	Y	Y
样本范围（年）	1998~2007	1998~2007	1998~2007

注：括号内为标准误，*和***分别表示10%和1%的显著性水平。

进一步的，为了更确切地考察基本回归结果在税收增长速度方面的异质性，我们还基于各地区的企业所得税实际增长速度进行了分类回归。由于改革后地方政府在税收征管上存在策略性的行为，因而改革后的企业所得税增长速度并不能反映其受影响的程度。为此，采取了折中的办法，以各地区改革前的企业所得税平均增长率来反映该地区在所得税分享改革中的被分享收入的规模，间接反映其受影响的程度。基于样本数据的范围，我们计算了改革前4年，即1998～2001年各省份的企业所得税平均增长率，并以此为基础进行了分类回归。从表2－5的结果可以看出，随着企业所得税平均增长率的分位数水平不断提高，样本范围内企业的逃税规模也显著增加。其中，第四分位下交互项的系数是第一分位下系数的3.63倍[1]，说明与企业所得税平均增长率最低的地区相比，增长率最高的地区其税收努力下降得更为明显。这一结果与表2－4的结论保持一致，同时也进一步证实了第2个理论假说，即在所得税税收收入增长更快的地区，税收分成比例下降对于税收努力的影响也更大，相应的企业逃税也会更严重。

表2－5　　　　　基于企业所得税平均增长率的分类回归

变量名	(1) 0~25%	(2) 25%~50%	(3) 50%~75%	(4) 75%~100%
$Treat$	0.0327*** (0.00225)	0.0394*** (0.00353)	0.0427*** (0.00299)	0.0845*** (0.00366)
$Post$	0.0237*** (0.00106)	0.0177*** (0.00179)	0.0198*** (0.00123)	0.0329*** (0.00206)
$Treat \times Post$	-0.00853*** (0.00130)	-0.0188*** (0.00197)	-0.0233*** (0.00143)	-0.0309*** (0.00223)
企业规模	0.0145*** (0.000678)	0.0144*** (0.000811)	0.0184*** (0.000751)	0.0150*** (0.000938)
贷款能力	0.00219 (0.0113)	-0.0176** (0.00827)	-0.0380*** (0.0116)	-0.0677*** (0.0210)
资本密集度	-0.0195*** (0.00210)	-0.0103*** (0.00224)	-0.0206*** (0.00219)	-0.00818*** (0.00305)

---

[1] 0.0309/0.0085＝3.63。

续表

变量名	(1) 0~25%	(2) 25%~50%	(3) 50%~75%	(4) 75%~100%
存货密集度	0.00900*** (0.00220)	0.0149*** (0.00282)	0.00941*** (0.00256)	-0.0102*** (0.00363)
盈利能力	-0.00448* (0.00265)	0.0136*** (0.00191)	0.00127 (0.00197)	-0.00744* (0.00442)
Within-R^2	0.009	0.003	0.007	0.006
观测值	393614	309974	341331	242464
年份虚拟	Y	Y	Y	Y
行业虚拟	Y	Y	Y	Y
地区虚拟	Y	Y	Y	Y

注：括号内为标准误，*和***分别表示10%和1%的显著性水平。

（二）稳健性检验

在实际的运用中，倍差法的分析结果容易受到两个方面因素的影响：一是对照组的选取，倍差法要求在不受到政策冲击的情况下，处理组和对照组的对象具有相似的变动趋势，这样对照组才能具备为处理组构造反事实组的条件；二是政策变动前后窗口期的设定，由于政策冲击带来的影响在不同的时间会有不同的表现，以及存在政策反应时滞的问题，回归结果也可能会存在一定的差异。

关于共同趋势的问题，图2-1已经直观地展示了对照组和处理组存在共同的变化趋势。不过，为了更严格地进行检验，遵循现有文献的做法，通过证伪试验的方式来证明在没有政策干扰的情况下，处理组和对照组存在相似的变动趋势。具体的做法是，假设在所得税分享改革以前的年份存在类似的政策干扰，并观察交互项系数的变化。如果交互项的系数在虚拟政策下并不显著，则能说明在不存在实质干扰的情形下，处理组和对照组满足共同趋势的假说。表2-6给出了证伪试验的结果，根据样本范围，分别选择1999年、2000年和2001年三个虚假的政策年份进行回归，从回归结果来看，交互项的系数均不显著，这说明共同趋势的问题并不构成对本章基本回归结论的威胁。

表 2-6　　　　　　　　　稳健性一：Falsification Test

变量名	虚假政策		
	1999 年	2000 年	2001 年
$Treat$	0.0235*** (0.00725)	0.0233*** (0.00709)	0.0226*** (0.00704)
$Post$	0.0107*** (0.00149)	0.0109*** (0.00126)	0.00953*** (0.00137)
$Treat \times Post$	-0.00190 (0.00226)	-0.00259 (0.00179)	-0.00168 (0.00189)
企业规模	0.00937*** (0.00140)	0.00963*** (0.00140)	0.00922*** (0.00140)
贷款能力	-0.0422** (0.0200)	-0.0406** (0.0200)	-0.0485** (0.0199)
资本密集度	0.00790*** (0.00146)	0.00590*** (0.00151)	0.00794*** (0.00145)
存货密集度	-0.0176*** (0.00425)	-0.0176*** (0.00425)	-0.0182*** (0.00425)
盈利能力	0.00783* (0.00468)	0.00764 (0.00468)	0.00753 (0.00467)
企业规模	0.0184*** (0.00575)	0.0177*** (0.00575)	0.0185*** (0.00575)
Within-R^2	0.098	0.124	0.104
观测值	322031	322031	322031
年份虚拟	Y	Y	Y
行业虚拟	Y	Y	Y
地区虚拟	Y	Y	Y
样本范围（年）	1998~2001	1998~2001	1998~2001

注：括号内为标准误，*、** 和 *** 分别表示 10%、5% 和 1% 的显著性水平。

关于窗口期选取的问题，在基本回归中，使用的是全样本，即将 1998~2007 年的所有企业都纳入回归中，考察税收分成比例的变动对于企业逃税的影响。为了排除窗口期的设定对于基本回归结果的影响，重新对窗口期进行了设定。如表 2-7 所示，前 3 列回归中，在全样本的基础上逐步从左右两侧缩短样本年限，此时交互项的系数尽管绝对值有所下降，但仍然显著为负。此外，第4列中，在全样本的基础上剔除了2001年和2002年的观测值，这样做主要是为了排除2001年税收征管力度的突然增强对于回归结果的影响。事实上，所得税分享改革的方案是在2001年10月17日提出的，然后经过为期两个多月的讨论和调研，于2002年1月1日迅速推开。根据所得税分享改革规定，改革后地方政府的分享收入以2001年的入库收入作为基数，这意味着，地方政府有充分的激励通过加强后两个月的税收努力来抬高和做大2001年的税收收入，以获得更高的分享基数。这从相关的统计数据也能看出，在2001年的最后两个月，各地区汇总的企业所得税收入较往期增长一倍多①。这样，上述策略性的反应也会导致改革后的税收努力程度相比改革前有一个明显的下降，从而对前述的基本结论形成干扰。不过，从第4列的回归结果来看，在剔除了2001和2002年的样本之后，交互项的系数仍然显著为正，表明地方政府做大分享基数的策略性反应并不构成对基本回归结论的威胁。

表2-7　　　　　　　　稳健性检验二：改变窗宽

变量名	1999~2005年	2000~2004年	2001~2003年	剔除（2001~2002年）
Treat	0.0403*** (0.0017)	0.0382*** (0.0023)	0.0306*** (0.00384)	0.0508*** (0.0016)
Post	0.0172*** (0.0008)	0.0224*** (0.0009)	0.0231** (0.00096)	0.0292*** (0.001)
Treat×Post	-0.0164*** (0.0008)	-0.0120*** (0.000945)	-0.0086*** (0.0012)	-0.0262*** (0.0009)
企业规模	0.0152*** (0.0004)	0.0138*** (0.000625)	0.0098*** (0.001)	0.0151*** (0.000439)
贷款能力	-0.0162** (0.0068)	-0.0241** (0.0096)	-0.0237* (0.014)	-0.0169*** (0.006)
资本密集度	-0.0138*** (0.0014)	-0.0113*** (0.0019)	-0.00627** (0.00267)	-0.0174*** (0.0013)
存货密集度	0.0056*** (0.0017)	0.00626*** (0.0022)	0.0118*** (0.0031)	0.007*** (0.00151)

---

① 见《国务院办公厅转发财政部关于2001年11月和12月上中旬地方企业所得税增长情况报告的紧急通知》。

续表

变量名	1999~2005年	2000~2004年	2001~2003年	剔除（2001~2002年）
盈利能力	0.0175*** (0.0016)	0.0155*** (0.0022)	-0.0001 (0.00335)	0.0002 (0.0012)
Within-R^2	0.006	0.005	0.002	0.007
观测值	878879	627396	370278	1050485
年份虚拟	Y	Y	Y	Y
行业虚拟	Y	Y	Y	Y
地区虚拟	Y	Y	Y	Y

注：括号内为标准误，*、**和***分别表示10%、5%和1%的显著性水平。

其他方面，首先，关于对照组的选取，在基本回归中，选取的对照组是包含中国港澳台资企业的外资企业和中央企业，考虑到中央企业具有较大的特殊性，与处理组的企业在企业特征方面也具有较大的差别，因此，将对照组的企业进行了更换，剔除中央企业，仅将外资企业单独作为对照组。表2-8的第1列给出了改变对照组之后的回归结果，可以看到，对照组的更换并没有使基本回归中的结论受到影响。

表2-8　　　　　稳健性检验三：样本范围与测度方法

变量名	实际税率			报告利润
	(1)	(2)	(3)	(4)
$Treat$	0.0570*** (0.0023)	0.0662*** (0.0026)	0.0478*** (0.0014)	-0.0418*** (0.000877)
$Post$	0.0302*** (0.0012)	0.0293*** (0.0015)	0.024*** (0.0007)	-0.00997*** (0.000916)
$Treat \times Post$	-0.0247*** (0.0011)	-0.0257*** (0.0013)	-0.022*** (0.0007)	-0.0120*** (0.00101)
企业规模	0.0169*** (0.0005)	0.0163*** (0.0005)	0.0156*** (0.0004)	0.00861*** (0.000165)
贷款能力	-0.0007 (0.0029)	0.0007 (0.00627)	-0.0187*** (0.005)	-0.0191*** (0.00203)

续表

变量名	实际税率			报告利润
	(1)	(2)	(3)	(4)
资本密集度	-0.015*** (0.0015)	-0.0138*** (0.0016)	-0.016*** (0.001)	-0.0189*** (0.000938)
存货密集度	0.0108*** (0.0017)	0.0122*** (0.0019)	0.0073*** (0.001)	-0.0104*** (0.00112)
盈利能力	-0.00256** (0.0013)	0.0009 (0.00126)	0.0046*** (0.0012)	0.309*** (0.000388)
Within-R^2	0.441	0.394	0.321	0.491
观测值	827460	752998	1270845	1286934
年份虚拟	Y	Y	Y	Y
行业虚拟	Y	Y	Y	Y
地区虚拟	Y	Y	Y	Y
样本控制	剔除央企	剔除上海	剔除西藏	全样本

注：括号内为标准误，**和***分别表示5%和1%的显著性水平。在第4列回归中，所有的解释变量均与推算利润进行了交互，出于篇幅的考虑，并未列出，特此说明。

其次，在基本回归中包含上海和西藏的样本，而事实上，如在制度背景中所介绍的，由于特殊的历史原因，1994年分税制改革时，上海的税务系统没有进行相应的改革，其国税与地税是两个机构合署办公，一套班子两块牌子，国税局长同时兼任地税局局长，区县一级政府还只有税务局。在具体的税收征管过程中，所有税种统一由同一个税务局进行征收，因此，严格来讲，上海地区的企业并不受税收分成比例的影响。而在西藏，由于经济发展较为滞后，同时辖区内的企业较少，经国家税务总局的批准仅设立国税局，而没有单独设立地税局，因而辖区内企业同样不受分成比例变化的影响。为了避免上海和西藏地区企业的特殊性对于结果的影响，进一步在样本中将两地区的样本剔除，回归结果如表2-8的第2和第3列所示，在不包含上海和西藏地区样本的情况下，结果依然非常稳健。

再次，关于逃税的测度，在前文采用实际税率法来衡量企业的逃避税程度。尽管该方法能够在总体层面上有效地反映企业的实际税负水平，但也存在不能对企业跨期转移收入的行为进行考虑的缺点，而我们也并不清楚这会对基本的回归结论产生何种影响。对此，采用 Cai 和 Liu（2009）所提出的国民收入核算法，基于企业会计准则和国民收入核算两种计算利润方法的差异来重新衡量企业的逃税。在近期的一系列研究中，该方法得到了广泛的应用（马光荣，李力行，2012；范子英，田彬彬，2013；李明等，2014），其基本思路是，首先利用国民收入核算法，在企业工业产出的基础上逐步减去中间投入、财务费用、工资总额、当期折旧和增值税，得到企业的一个推算利润。这样做的逻辑是，企业在账面上会通过两种方式进行逃避税，一是低报收入，因而工业产出比销售收入更能代表真实水平；二是虚报费用，特别是管理费用，因而这里只列出一些难以虚报的投入和费用。这样，除去推算利润与企业的报告利润之间存在的固有差异，任何影响企业逃税的因素都会影响两者之间的趋近程度。在表 2 - 8 的第 4 列中，运用国民收入核算法重新考察了税收分成比例的下降对于企业逃税的影响，可以看到，在更换了逃税的测度方法之后，交互项的系数仍然显著为负，表明测量误差并没有改变基本结论。

最后，本章的逻辑是税收分成比例的下降降低了地方政府的税收努力，从而导致辖区内企业逃税的增加。与此同时，一种可能的情形时，税收分成比例的下降减少了地方政府的自主财力，而这种财政压力会反向导致税收努力的提升，进而减少企业逃税[①]。理论上讲，我们并不否认后一种情形的存在，不过庆幸的是，这仅会使我们低估税收分成对于税收努力的影响，而不妨碍基本结论的成立。因为如果存在自主财力降低导致逃税减少的机制，而我们仍能够从实证上发现逃税规模在改革后显著增加，这说明分成比例的下降对于税收努力的影响比估计的要更大。此外，就所得税分享改革本身来看，由于中央财政因所得税分享改革增加的收入主要用于对中部、西部地区的转移支付，因此，部分省份（尤其是中部、西部省份）的实际财力在改革后事实上是增加的。根据赵小剑（2003）的统计，改革后财力减少的省市主要包括北京、天津、上海、广东、福建、浙江、江苏、大连、青岛，而其余的中部、西部省份则从改革中实际受益。在表 2 - 4 中，曾单独以中部、西部地区的样本企业进行回归，同样看到税收分成比例下降后企业逃税有显著的增加，而这一结果基本不受财力下降的影响，进一步说明本章基本结果的稳健性。事实上，从经验上来看，所得税分享改革

---

① 感谢匿名审稿人为我们指出这一点。

减少了地方政府从发展企业中获得的税收收入，其结果是营业税成为地方政府最重要的支柱性收入，地方政府逐步将组织税收收入的主要精力转移到营业税等地方税种上（周飞舟，2006，2007）。因此，相比于财政压力反向提升所得税税收努力的逻辑，在税收征管资源有限的前提下，地方政府将税收努力的方向从所得税转向营业税等地方税种是更为现实的选择。

五、结论与政策建议

基于 1998~2007 年中国工业企业微观数据，以中国在 2002 年实施的所得税分享改革为背景，考察了税收分成比例的变化对于企业逃税的影响。在地方政府拥有税收征管权的前提下，税收分成比例的降低意味着征管权和收益权的分离，征税的边际收益会小于边际成本，从而降低地方政府的税收努力程度，并在微观上导致企业逃税的增加。来自倍差法的研究结果表明，相比于在国税局缴税的企业，所得税分享改革后，在地税局缴税的企业其所得税逃税水平有显著的增加。进一步的，由于 2002 年的所得税分享改革只针对所得税的增量进行分成，而不涉及原有的存量，这使得税收增长越快的地区其税收努力的下降也更为明显。反映在企业逃税层面，研究发现，地区的所得税增长速度越高，辖区内企业在改革后的逃税水平也越高。

长期以来，有关政府间的财政收入分享机制一直受到理论界和政策界的广泛关注。经过长期的制度和实践探索，中国自 1994 年分税制之后逐步形成了以分税和分成为主的两种中央—地方间收入分享机制。不过，本章的研究表明，由于不能确保税收征管权和税收收益权的统一和一致，相比于分税，分成会带来征税效率的极大损失。由此，本章所衍生的政策建议十分明显，在未来分税制的改革中，应坚持通过税种划分的方式来解决中央—地方间的收入分享问题，避免采用分成的方式。或者退一步讲，即使是在采用分成模式时，中央政府也应该将相应的税收征管权交由垂直监管的国税系统，避免地方政府税收努力的下降带来的征税效率的损失。

第三章
政企合谋与企业逃税
——来自国税局长异地交流的证据*

* 发表于《经济学》(季刊),2016年第7期。

一、引　言

中国威权体制下对领导干部进行的 GDP 考核，以及自改革开放以来的分权式改革，激发了地区之间"为增长而竞争"，这种地区竞争成为过去 30 多年来中国经济高速增长的主要制度基础（周黎安，2004；Xu，2011）。然而，由于中央政府和地方政府之间存在严重的信息不对称，基于单一显性目标的考核体制势必会引发地方政府的机会主义行为，通过政企合谋的方式来提升短期内的经济增长（聂辉华，2013）。政企合谋的广泛存在解释了中国经济高增长过程中伴随着的大量负面现象，例如，信贷资源的低效率配置（王永明，宋艳伟，2010）、大量的煤矿事故及高死亡率（聂辉华，蒋敏杰，2011）、土地违法案件的层出不穷（张莉等，2011）、环境污染事故的频发（Jia，2012）、房价的高企（聂辉华和李翘楚，2013），等等。

在中国普遍存在的企业逃税也是政企合谋的一个表现。根据审计署 2004 年的一份报告，在一项针对我国 788 家重点税源大户的财务审计中，大量企业被发现存在税收违规和逃税的现象，两年的逃税总额接近 260 亿元，进一步调查发现，造成企业大量逃税的一个主要原因就是地方政府违规和越权批准的各类税收减免政策（审计署，2004）[①]。对地方政府来说，税收竞争是吸引企业投资的重要手段，在缺乏调整税率和税收政策的情况下，地方政府往往违反中央的规定，采取各种手段降低企业的实际税负，这不仅损害了税法的公正性，造成企业大范围逃税和大量的税收损失，同时也加剧了企业为了追逐税收优惠而在地区之间的无序流动。

有很多文献对中国的企业逃税进行研究，如发现中国过高的法定税率导致了企业逃税（Fisman and Wei，2004）；企业的市场竞争压力过大，不得不通过逃税来维持生存（Cai and Liu，2009）；政府规模膨胀带来的财政压力转移给企

[①] 参见审计署审计报告 2004 年：《788 户企业税收征管情况审计调查结果》。

业，促使企业逃税（马光荣和李力行，2012）；以及地税局税收执法力度不严（范子英，田彬彬，2013）等。但是很少有文献从政企合谋的角度来研究企业逃税，一个主要的障碍在于很难度量与逃税相关的政企合谋。

理论上，中央可以通过提高税务系统的独立性来切断地方政府与企业合谋的渠道。其中，地税局系统属于地方政府的一个职能部门，按照"下管一级"的政府管理体制，中央政府很难干涉地税部门的工作；不过国税局是垂直管理的，并且我国的主体税种都是由国税局负责征管，因此提高国税局的独立性不仅是可行的，也是有效的。为了防范国税局与地方的合谋，1998年国税系统实施了副厅级以上干部的异地交流制度，本章将此次改革作为刻画政企合谋的自然实验。我们以企业所在省份的国税局长是否外派作为政企合谋程度的度量，基于1998~2007年的企业微观数据，研究发现，相比于本地晋升的国税局长，由异地调任的国税局长显著减少了本地企业的逃税，两者的平均税负相差17%；并且这一效应在2002年后更加明显，原因在于2002年的所得税分享改革大幅度减少了地方政府的分享比例，使得地方政府政企合谋的机会成本也同步下降，企业逃税明显增多，从而更加凸显了干部异地交流的作用；进一步的，随着异地调任局长在当地任职年限的增加，政企合谋的程度会逐步增加，平均8年左右的任职年限会完全抵消异地交流的作用；此外，结果显示异地交流遏制逃税的作用主要限于流动性较强的企业，如私营企业和外资企业等，而对于地方国有企业和集体企业的逃税则无显著效果，这证实了政企合谋的动机根源于引资竞争；最后，如果合谋被发现的概率显著增大，则合谋发生的概率会显著下降，这解释了为何异地交流对于企业增值税的逃税没有影响。随后进行的一系列稳健性检验，表明上述结论依然非常稳健。

这些发现一方面为领导干部异地交流制度提供了更多的正面支撑，已有文献发现领导干部异地交流有利于经济增长（张军，高远，2007；徐现祥等，2007）、司法独立（陈刚和李树，2013）等，本章则发现国税局长的异地交流有利于提高征税效率，并且我们还测算了国税局长的最佳任职期限；另一方面这也为中国税收收入高速增长之谜提供了新的解释，1995~2008年，中国税收收入年均增长率为18.4%，远远超过GDP的增长速度，以往的研究认为宏观经济、制度、管理等是主要原因（曹广忠等，2007；吕冰洋，郭庆旺，2011），本章发现国地税分设以及国税局长异地交流制度所带来的独立性，在很大程度上破解了政企合谋的难题,进而降低了企业逃税和提升了税收征管效率,在宏观上带来了税收收入的超速增长。

二、实验背景与理论假说

(一) 制度背景

我国自 20 世纪 80 年代开始实施"财政包干制",将财政收支的权力下放到地方政府,这种财政激励使得地方之间展开竞争,通过招商引资的方式做大税基,以获取更多的财政收入(Qian and Roland,1998;沈坤荣,付文林,2006);在政治上,集权式的领导干部考核和任命制度也与经济指标直接挂钩,中央政府将 GDP 作为最主要的考核指标,通过"政治锦标赛"的方式诱导领导干部"为增长而竞争"(周黎安,2004)。地方竞争一方面表现在支出偏向上,即地方财政支出会倾向于基础设施等与招商引资紧密关联的领域,而忽视在社保、医疗、教育等领域的支出;另一方面则表现为税收竞争,为了在招商引资的竞争中胜出,地方政府往往承诺了较多的税收优惠,通过压低企业实际税率的方式来吸引资本的流入,因而税收竞争是一种竞次竞争,其结果是造成了企业大范围的逃税。

在分税制改革之前,税务系统是地方政府与企业合谋的主要渠道。首先,中国的税法是高度集中和统一的,地方政府并没有调整法定税率和税收优惠的权限,为了兑现事先承诺的税收优惠,地方政府不得不与企业合谋,通过放松税收征管而不是降低名义税率的方式来实施减税,在宏观上造成法定税率与实际税率的脱节;其次,1994 年之前的税收征缴全部由地方政府负责,全国只有一个税务局系统,并且该系统隶属于各地方政府,中央政府无权直接干涉税务局的工作,由于税务局的干部和人事完全由地方政府控制,因此地方政府很容易动用税务局来开展税收竞争。这种恶性竞争的后果是中国的宏观税负大幅度下降,全国财政收入占 GDP 的比重从 1980 年的 23% 下降到 1993 年的 10.7%。

为了规避地方政府的这种合谋，中央政府在 1994 年实施了分税制改革。与此前包干制中"分享收入"不同的是，分税制后的中央收入来自于"分税"，即将所有的税种为三类：中央税、共享税和地方税，中央收入由中央税和共享税中的共享部分构成，并且中央将最主要的税种都划为中央税或者共享税，如关税、增值税等，因此分税制之后，中央收入与实体经济直接相关，不再需要借助地方政府这个中间环节间接获取收入。但是，仅"分税"还远不足以降低地方政府的合谋空间，由于合谋的动机在分税制前后并没有发生实质性的变化，地方政府完全可以将那些原本需要征收共享税的部分，改征为地方税，甚至是彻底不征收，这种现象在分税制初期确实也出现过[①]。

分税制改革之所以能够降低地方政府的合谋动机和空间，核心因素是国税局的分设，即将原来的税务局分拆为国税局和地税局。首先，在税收征管范围方面，国税局不仅征收属于中央收入的中央税，还征收全部的共享税，例如，增值税的 75% 属于中央收入，但国税局征收 100% 的增值税，再通过财政系统将 25% 的增值税收入划给地方政府；由于主体税种都属于中央税或者共享税，因此征管范围的划分就已经在最大程度上压缩了地方政企合谋的空间。其次，为了使得国税局独立于地方政府，国税局采用了垂直管理的模式，如图 3-1 所示，国税局系统在机构、人员编制、经费、领导干部职务等方面采取下管一级的原则，国家税务总局直接任命各省国税局正、副局长；[②] 不仅如此，国税局系统还是一个封闭的内部劳动力市场，国税局的所有干部都是从下一级别的干部中甄选，极少从系统外调入，这种"向上负责"的模式使得国税系统较少受到地方政府的干扰，因此地方的政企合谋也很难影响到中央政府的财政收入。与此不同的是，地税局延续了"属地管理"的模式，各地的地税局依然划归相应级别的地方政府管理，[③] 虽然地方政府还可以通过地税局来实施政企合谋，但是由于地税局征管的主要税种都与制造业无关，这种合谋并不会带来资本的流入，例如地税局的第一大税种是营业税，但营业税主要是对服务业和房地产行业征收，这些企业生产的都是不可贸易品，对本地市场的依赖程度非常大，地方政府也

[①] 国税审计的历程与展望，见审计署网站：http://www.audit.gov.cn/n1057/n1072/n1342/14719.html。
[②] 从国家税务总局的网站上，可以看到历年来地方国税局干部的任免文件。此外，所有国税局公务员的招录都是通过统一的"国考"，而地税局则是通过地方公务员的考试。
[③] 为了减少地方对税收执法的影响，国家税务总局要求地税局系统自 1998 年开始实行省内垂直管理。见《国务院关于地方税务机构管理体制问题的通知》。

就缺乏税收竞争的动机。因此，国地税局系统的分设极大地减少了地方的政企合谋，微观上减少了企业逃税，宏观上则造成了税收收入的超速增长。

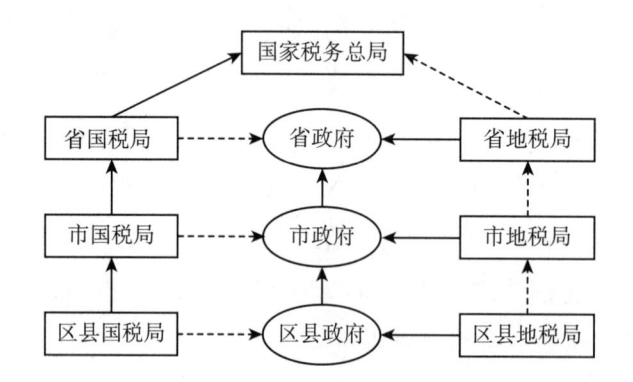

图 3-1　中国的国税局系统和地税局系统

注：实线表示直接的隶属关系，虚线表示间接关系。

虽然国税局和地税局面临的政企合谋程度不同，但是并不能将两者的税收收入差异直接归结为政企合谋的影响。有一些文献发现国税和地税的税收努力程度有所差异（周黎安等，2011），不过由于两者征管的税种完全不同，国税系统的税种往往是征收成本较低的优质税种，如增值税、关税等，而地税系统的税种的征收难度较大，因此两者税收收入的差异中有很大一部分是由税种差异导致的。而在实际操作中，一个企业会同时到国税和地税缴税，但税种是没有交叉重叠的，例如到国税局缴纳增值税，到地税局缴纳教育费附加，直接比较企业不同税种的税负差异也没有意义。因此，一个显而易见的障碍是如何在微观上度量企业层面的政企合谋。

（二）自然实验：国税局长异地交流

理论上，国税局的分设能够最大限度降低地方政府的干预，但在现实中，国税系统的所属地依然在地方，必然会受到地方政府各职能部门的影响，如国土、交通、教育等，因而很难完全独立于地方政府；更为严重的是，在分税制初期，由于国税局是从之前的税务系统分离出来的，因此所有的国税局干部也都在本地任职多年，他们与地方政府部门有密切联系，很难保持完全的独立性。例如，根据审计署对国税系统中央税收征管情况的审计报告，即使在分税制实施之后的 1995～1996 年，一些省市的国税局仍然应地方政府要求，对区域内的重点企业实施税收包干政策，并且将部分中央企业的所得税收入作为地方收入缴库，导致了中央税源的损失。①

在分税制改革完成之后，为了进一步提高国税系统的独立性，国家税务总局于 1998 年在全国范围内实施了国税局长的异地交流制度，② 规定在同一单位担任副职满 10 年或是担任正职满 5 年的干部应进行系统内外的交流，交流范围限定于国家税务总局、直属事业单位副司级以上干部，以及省、自治区、直辖市、副省级市国税局副厅级以上干部。在实践层面，该政策是逐步推行的，在1998 年之前，国税局刚刚分设出来，其所有干部都来自本地，当异地交流制度开始实施后，1998 年，有 1 名国税局长是异地交流来的，此后异地交流的国税局长迅速增加，到 2013 年我国 30 个省级（不含上海）国税局局长中，有 20 位是从其他地方调入的，占全部国税局长的 67%（见图 3-2）。这里值得重点说明的是，上海由于历史原因并没有分设国税和地税，在市级层面，上海的国税和地税是"两块牌子、一套班子"，并且国税局长和地税局长是同一个人，在区一级则仅有税务局，不区分国税和地税，因此上海的国税局长与其他地方不存在异地交流。

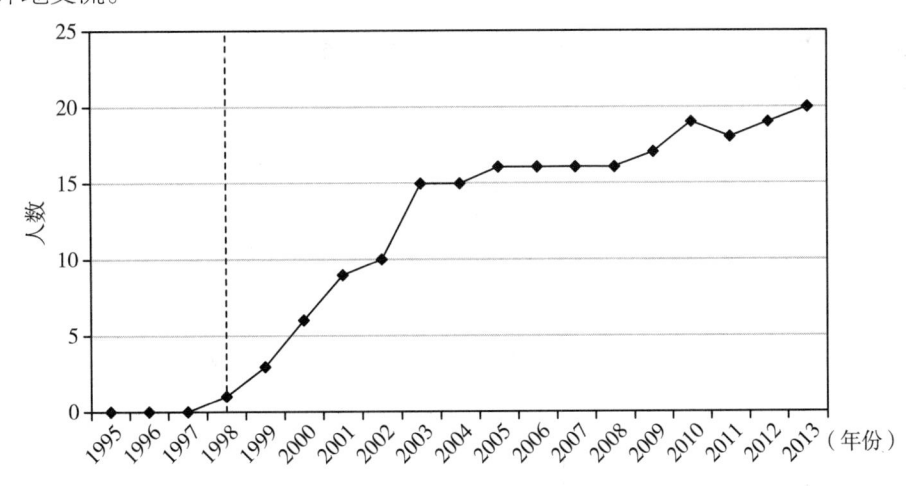

图 3-2　国税局长异地交流情况

注：不含上海。
资料来源：笔者整理。

---

① 国税审计的历程与展望，见审计署网站：http://www.audit.gov.cn/n1057/n1072/n1342/14719.html。
② 见《国家税务局系统领导干部交流暂行办法》。

在 1998~2007 年一共出现了 64 位国税局长（不含上海），其中直接由外地交流的有 28 位，并且绝大多数是从外省调入，从总局交流来的国税局长仅 6 位，这在一定程度上说明交流主要目的是增强国税系统执法的独立性，而不是为了锻炼干部；在本地晋升的 42 位局长中，[①] 仅有 22 位是完全没有交流到异地，有 5 位局长交流到外省或者总局，有 4 位在本地非税务系统获得晋升，如担任省政协或省人大主要干部，有 1 位直接晋升到总局任副局长（副部级），另外还有 4 位局长由于腐败问题被免职或降职。因此，完全由本地晋升并且之后没有交流到异地的局长仅占 33%，剩下的 67% 在其任职经验中都有交流经验，这些局长要么是从外地直接调入的，要么是本地副职晋升之后再交流到外地（见表 3-1）。

对比外地调入和本地晋升的国税局长的去向可以看出，本地晋升的局长在本地升迁的可能性更大，[②] 但同时被总局查处的风险也更大；外地调入的局长晋升到总局的可能性更大，其行政级别一般都是由正厅级提升到副部级，如升任总局的副局长、总经济师、总会计师等，并且这些能够获得总局升迁的局长，其任期一般都非常短，最长的 3 年，最短的仅 1 年，因此对于大多数国税局长而言，由于总局的晋升空间非常有限，如果任期超过 3 年，其晋升的可能性几乎为零。

表 3-1　　　　　　1998~2007 年国税局长的来源和去向　　　　单位：（人）

项目	全部	外地调入	本地晋升
去向：交流	14	15	5
退休	27	3	22
本地升迁	6	2	4
总局升迁	4	3	1
免职降职	6	2	4
在任	7	3	4
小计	64	28	42

注：不含上海。
资料来源：笔者整理。

[①] 本地晋升和外地调入的局长总数之所以会超过 64 位，是因为有 6 位外调局长之前的职务也是局长，因此会重复计算。

[②] 在数据收集过程中，如果局长卸任后的去向是总局升迁或异地交流，则可以从《中国税务年鉴》上获知；如果卸任的原因是受到处分，或者本地晋升，则可以从相关的新闻信息或者政府网站中得到；反之，如果我们无法查询到局长卸任后的去向，则将之定义为退休，因此 22 个退休的局长中，有很大一部分可能在退休后担任当地政府部门的非核心领导，实际发生的本地晋升应该远远超过 4 人。

按照1997年文件的政策规定，国税局长任职满5年时应该进行异地交流，但在实际的执行过程中是逐步推行的，使得有些地方的国税局长任期远远超过5年。从图3-3可以看出，任期5年的国税局长有11位，是各任期年限最多的，任期在5年内的国税局长有28位，占全部国税局长的40%。异地交流制度还要求干部的年龄不能大于55周岁（女50周岁），一旦超过这个年龄，异地交流的可能性就降低了，这也使得部分局长的任职期限超过5年，任期最长的是浙江省的国税局长，该局长自1995年上任以来，一直到2013年退休时才卸任。此外，截至2013年，还有7位国税局长是在任的，其中完全由本地晋升并且任期超过5年的只有3位，并且都是相对落后的欠发达地区。

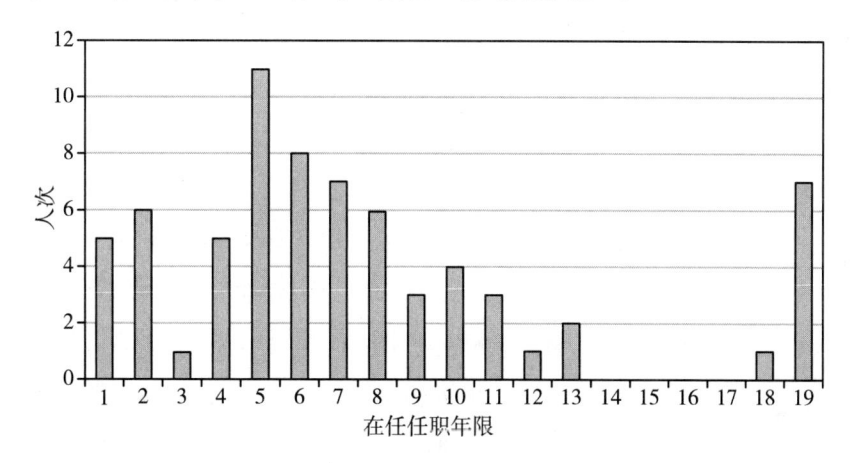

图3-3 国税局长的任职年限

注：不含上海市。
资料来源：笔者整理。

除了国税局长外，国税系统的干部交流还包括副厅级的副局长、经济师、会计师、审计师和巡视员，而国家税务总局的厅局级干部也经常被交流到地方担任国税局长，因此显而易见，国税总局一直尝试采用局长异地交流的方式来切断与地方政府之间的联系，从而提升国税局系统的独立性。

（三）理论假说

事实上，领导干部的异地交流制度在中国具有悠久的历史传统。以法官任职为例，中国早在西周时期就产生了法官任职回避制度，以此作为保障司法独立的基本手段（巩富文，1991）。新中国成立后，中国共产党于1990年7月发布《中共中央关于实行党和国家机关领导干部交流制度的决定》，决定在省部级领导干部中开展异地交流。Huang（2002）认为，中国威权体制下的领导干部治理机制通常由两个层面构成，一个是显性的层面，通过可度量的考核指标来激励地方领导干部执行中央的政策；另一个是隐形层面，通过领导干部任命、任期限制和异地交流等措施来防止领导干部的不忠和腐败等行为。而近期的一些经验研究也表明，领导干部的异地交流产生了积极的效果。张军和高远（2007）考察了1978年以来省长和省委书记的异地交流情况，认为领导干部的异地交流制度总体上对于经济增长有相当正面的推动作用。陈艳艳和罗党论（2012）的研究发现，异地调任的领导干部对于区域内的投资活动影响有着显著的正向影响。陈刚和李树（2013）研究了司法领域的异地交流情况，研究认为法院院长的异地轮换有利于提升司法独立性，进而有助于打破地方政府主导的市场分割，促进地方经济的增长。

不仅如此，异地交流还能降低政企合谋，如聂辉华和蒋敏杰（2011）的研究发现，如果主管煤矿安全的副省长来自外地，则矿难发生的概率会显著下降。但是，只有当主管干部与地方政府的激励兼容时，政企合谋才有可能发生。从表3-1可以看出，合谋对国税局长个人也是有利的，由于国税局长在系统内晋升的空间很小，特别是那些一直在本地任职的国税局长，他们几乎没有可能晋升为更高级别的领导干部，但是，与地方政府合作能够为他们提供系统外的晋升机会，如进入省政协或者省人大。按照上述逻辑，我们有理由认为，国税局长的异地交流同样有利于降低政企合谋的程度，提升税收执法的独立性，反映在企业层面就是降低了企业的逃税水平。同时，我们还可以看到，能够晋升为总局副部级干部的国税局长，其任期一般都很短，任期越长，其晋升的希望越小，因此，随着异地交流局长在本地任职年限的增加，其被地方政府俘获的概率也会逐步上升，政企合谋的程度也就逐步增加，企业逃税水平相应上升。基于此，我们就得到了两个有待检验的理论假说：

假说1：国税局长异地交流降低了企业逃税水平。

假说2：随着本地任职年限的增加，异地交流的作用会被逐渐削弱，政企合谋发生的概率上升，相应的，企业逃税也逐渐增加。

三、数据来源与研究设计

（一）逃税的测度

本章使用的逃税指标是企业所得税的实际税率，这是因为由政企合谋导致的企业逃税主要反映在所得税的逃税。我国现有三大主要税种：增值税、所得税和营业税，其中，企业所得税的征收和监管严重依赖于征管机构的努力水平，企业所得税的应税额是将经营成本从营业收入中扣除之后的余额，因此企业很容易通过低报收入或者高报成本的方式来逃税，这时就需要基层的税务征管机构对企业的账目进行仔细的审查，即"查账征收"。从政企合谋的角度来说，中央政府和地方政府在所得税的征收方面也存在严重的信息不对称，由于稽查的努力是很难被监督的，因此地方政府在所得税的征收方面实现与企业的合谋就很难被中央政府发现，从而可以通过降低所得税的征收力度来吸引资本的流入。此外，营业税的征税对象主要是服务业和房地产行业，这些企业要依赖本地的市场需求，很难在不同地区间流动，地方政府缺乏与企业合谋的动机。

（二）数据来源

所使用的数据包括企业层面的数据和国税局长异地交流数据两个部分。数据来源同第二章。其中2002年后新成立企业的样本数为376117个。

另外，国税局长异地交流数据是作者手工收集整理。历年《中国税务年鉴》都列出了各省和副省级城市的正副局长姓名，我们再从各方面跟踪和汇总每一位国税局长的个人信息和任职经历，将之整理成为一个相对完善的局长简历数据库。其中任职经历包括：上一个工作地、此前工作地、本地任职年限、任职后去向，由于局长要么是由副局长晋升，要么是外地局长平调，因此上一个工作地和本地任职年限都可以从《中国税务年鉴》整理得到；但此前工作地需要追溯到担任副局长之前的信息，这个无法从现有数据中获得，而任职后去向如果是非国税系统也没有直接统计，这两个指标都是作者根据新闻报道和相应的记录逐个收集。此外，国税局长的一些个人特征是无法通过公开渠道获取，如性别、年龄、籍贯等，我们是从公安部的户籍系统中整理得到的。

由于企业层面的数据年限是 1998~2007 年，因此对应的也是 1998~2007 年出现的 64 位国税局长数据（不含上海市）。再按照年份和地区将国税局长的数据与企业数据进行匹配，构造出本章所使用的面板数据集。由于全国工业企业调查只覆盖销售值在 500 万元以上的规模企业和国有企业，因而每年都会有大量企业进入或退出调查，不同年份的企业数也并不相同，所以这是一个非平衡的面板数据集。此外，需要说明的是，在本章所使用的数据样本期间，我国的企业所得税法没有发生变化，其中内资企业所得税适用 33% 的税率，外资企业根据不同情况享有优惠的法定税率，2008 年才开始将内外资所得税统一合并为 25%，税法的稳定规避了法定税率调整对企业逃税的影响。

（三）模型设定

1998~2007 年，国税局长异地交流在地区和时间上都是在不断变化的，在同一年内，有些省份的国税局长是异地交流，另外则是本地晋升的；对同一个省份来说，有些年份的国税局长是异地交流，有些年份是本地晋升。理论上可以将那些有异地交流局长的省份作为处理组，将其他省份作为控制组，通过倍差法来估计政企合谋对企业逃税的影响，但是由于各省更换局长没有统一的时间节点，因此采用了一种变通的估计模型：

$$ETR_{ijt} = \beta_0 + \beta_1 Collusion_{it} + \beta_2 X_{ijt} + \gamma_i + \delta_j + \lambda_t + \mu_{ijt} \qquad (3-1)$$

其中，下标 i 是省份、j 是企业、t 是年份；ETR 是实际税率，用企业应交所得税与利润总额的比值表示。$Collusion$ 是政企合谋的度量，当某省某年的国税局长是外地交流来的,则赋值1,其他赋值0,这是一个二维的变量,其作用等价于倍差法中的交互项;γ、δ 和 λ 分别是省份、企业和年份的固定效应,这等价于控制了处理组虚拟变量和处置前后时间虚拟变量,因此,β_1 估计的是倍差法的结果,如果国税局长异地交流制度能够显著降低政企合谋,导致企业实际税负上升,则预期 β_1 显著为正。X 是控制变量,包括公司金融领域常用的变量,如企业规模、贷款能力、资本密集度、存货密集度以及企业的盈利能力等。其中,我们采用企业雇员数量的对数值代理企业规模,企业规模越大,越容易成为"重点税源企业",受到税务部门的稽查更多,其逃税成本更大,因而企业规模越大逃税越少(Zimmerman,1983;Slemrod,2007);在公司金融领域,利息具有抵税的功能,企业可以通过更多的负债来冲减自身应缴纳的税收,因而财务杠杆率越高的企业其实际税率会越低,逃税越多,我们采用企业年末负债与总资产的比值作为企业财务杠杆的代理变量(Stickney and McGee,1982;Porcano,1986);资本密集度和存货密集度是另外两个影响企业实际税率的因素,由于企业可以通过长期资产的加速折旧来进行逃税,因而资本密集度越高的企业其实际税负率也就越低,而资本密集度越高意味着存货密集度越低,因而企业的存货密集度与实际税负理论上存在正相关的关系(Gupta and Newberry,1997;Derashid and Zhang,2003),分别用年末固定资产净值与年末资产总计的比值,以及年末存货余额与年末资产总计的比值来表示资本密集度和存货密集度;最后,企业的盈利能力也与企业的实际税负存在一定的关系,但现有研究对于企业盈利能力是提高还是降低企业的实际税负尚未形成统一的结论(Wilkie and Limberg,1997;Rego,2003),我们用企业税前利润占总资产的比值来表示企业的盈利能力。

此外,异地交流的局长对企业逃税的影响,还严重依赖于其在本地的任职年限。一个在本地已经任职多年的国税局长,无论是外地调入还是本地晋升,由于与当地政府部门有着长时间的工作往来和交流,其被地方政府俘获的概率非常大,因此在式(3-1)的基础上加入了局长外调与任职年限的交互项,任职年限越长,外调局长的独立性越差,因而预期 β_2 显著为负。

$$ETR_{ijt} = \beta_0 + \beta_1 Collusion_{it} + \beta_2 Collusion_{it} \times Term_{it} + \beta_3 X_{ijt} + \gamma_i + \delta_j + \lambda_t + \mu_{ijt}$$

$$(3-2)$$

四、基本回归结果与解释

首先对式（3-1）进行回归分析，以检验第一个理论假说。为了规避企业异质性对实际税负的影响，本章所有回归均是企业层面上的固定效应模型。表3-2给出了基于全样本的回归结果，在第1列中，仅控制反映国税局长是否外派的虚拟变量，回归之后的系数显著为正，表明相对于本地晋升的局长，异地调任的局长会使得辖区内企业的逃税减少，实际税率水平上升。第2个回归加入了主要的控制变量，此时局长外派的系数没有显著变化。国税总局在不同年份对税法执行有不同要求，宏观经济冲击也会影响到企业实际税负，这些都会导致企业在不同年份间的实际税负发生变化，为了剔除这种影响，在第3个回归中加入了时间效应，此时局长外派的系数有所下降但依然显著为正，说明不控制时间效应存在高估的风险。为了进一步剔除企业所属行业和所在地区的差异，第4和第5个回归控制了行业和地区固定效应的虚拟变量，局长外派的系数没有变化，这就基本验证了本章的第一个理论假说，即国税局长的异地交流能够有效降低政企合谋的程度，进而减少企业的逃税。

表3-2　　　　　　　　基本回归结果—全样本

变量名	(1)	(2)	(3)	(4)	(5)
局长外派	0.0024 *** (0.0005)	0.0023 *** (0.0005)	0.0014 *** (0.0005)	0.0014 *** (0.0005)	0.0014 *** (0.0005)
企业规模		0.0164 *** (0.0003)	0.0166 *** (0.0003)	0.0166 *** (0.0003)	0.0166 *** (0.0003)
贷款能力		-0.0104 *** (0.0024)	-0.0099 *** (0.0024)	-0.0098 *** (0.0024)	-0.0098 *** (0.0024)
资本密集度		-0.0213 *** (0.001)	-0.0213 *** (0.001)	-0.0212 *** (0.001)	-0.0212 *** (0.001)
存货密集度		0.0091 *** (0.0012)	0.0094 *** (0.0012)	0.0095 *** (0.0012)	0.0095 *** (0.0012)

续表

变量名	(1)	(2)	(3)	(4)	(5)
盈利能力		0.0082*** (0.0008)	0.0079*** (0.0008)	0.0079*** (0.0008)	0.0079*** (0.0008)
Within-R^2	0.0609	0.147	0.229	0.271	0.296
观测值	1770845	1770845	1770845	1770845	1770845
年份虚拟	N	N	Y	Y	Y
行业虚拟	N	N	N	Y	Y
地区虚拟	N	N	N	N	Y

注：括号内为标准误，*** 表示1%的显著性水平。

此外，在所有的回归中，其他控制变量的估计结果都比较稳健，与现有文献的结论也基本一致。其中，企业规模的系数显著为正，表明规模越大的企业由于稽查力度较大而逃税较少；同样，财务杠杆水平越高的企业实际税率水平越低，逃税相应也越多；资本密集度越高的企业可以通过资本的加速折旧来进行更多的逃避税，我们的结果也证实了这一点，资本密集度越高的企业逃税越多，而存货密集度越高的企业逃税则相应较少；最后，企业的盈利能力增强了企业的逃税动机，结果表明，盈利越多的企业逃税也越多，实际税率水平越低。

如果说企业逃税是政企合谋的结果，是地方政府为了吸引资本的流入而付出的成本，那么，当这种成本变小时，地方政府应该更有激励与企业进行合谋，对企业实施更大程度的减税，而相应的，此时局长异地交流的作用也应该更大。中国在2002年实施的所得税分享改革为检验上述逻辑提供了良好的机会，此次改革将企业所得税由地方税变为中央—地方共享税，中央占50%，2003年后继续提高到60%。分享比例的变化从两个渠道影响到企业逃税，一方面，地方政府为吸引资本流入而损失的税收收入只有原来的40%，其余的损失将由中央政府来买单，因此会在边际上激励更多的地方加入到引资竞争中。举例来说，假设地方政府想给企业减税100万元，2002年之前，这100万元的成本全部是地方政府的，2002年之后，由于地方政府只能分享所得税的40%，因此减税100万元的成本也就只有40万元。换句话说，如果存在为竞争资本而发生政企合谋的话，这种合谋的机会成本在2002年后大为下降，因而会极大地增加合谋发生的概率。另一方面，分享比例下降也使得违规减税成为主要的引资竞争手段，此前地方政府常常采用"先征后返"的方式，先征后返虽然也会降低企业的实际税负，却不反映在企业的账面上，据此估计的企业逃税效应就存在严重的低估。分享比例下降使得先征后返的成本远远高于违规减税，因此那些原来采用先征后返的地方会逐渐转向违规减税的方式；此外，在 2000 年后，国税总局多次"三令五申"禁止地方进行先征后返，并加大了对违规行为的处罚力度，① 由于先征后返相对于放松征管力度更容易被国税总局发现，因而是一种得不偿失的行为。无论是哪种机制，都会导致政企合谋的增加，相应地，2002 年后的局长异地交流对于遏制政企合谋、减少企业逃税的作用也就更加明显。

此外，2002 年的改革还对国税和地税的征管范围做了调整。在 2002 年之前，央企的所得税收入归中央财政所有，因此其所得税由国税局征管，而所有的涉外企业由于其特殊性也归国税局管理。按照 1994 年分税制改革所设定的税收分开征收原则，当所得税由地方税变更为共享税时，其征管机构也应由地税局转移到国税局，但考虑到两个系统之间衔接的困难，2002 年的改革对征管范围实施了"一刀切"，规定改革前在地税局的非央企/非外资企业依然保留在地税局，而所有自 2002 年新成立的企业，一律在国税局缴纳企业所得税，因此 2002 年之后由国税局征管的企业数量急剧上升，其征收的企业所得税占比也由 2001 年的 41% 增加至 2007 年的 64%。

征管范围的划分也说明表 3-2 中有很大一部分样本其实与国税局无关，特别是那些 2002 年前成立的私营企业，因此在接下来的回归中，仅考虑国税局征管的企业。表 3-3 的回归结果证实了上述猜想，第 1 个回归是传统的国税局企业，即一直由国税局征管的央企和外资企业，这两类企业受到政企合谋的显著影响；第 2 个回归放入的是 2002 年后新加入国税局的企业，即新成立的非央企/非外资企业，这一类企业也受政企合谋的显著影响；第 3 个回归是考虑所有的国税局企业，结果依然非常稳健，由合谋导致的企业逃税占平均税负的 17%（0.0233/0.138）。为了进一步细分这种合谋激励的来源，在第 4 个回归中加入了局长外派与 2002 年年度虚拟变量的交互项，以此来捕捉分享比例变化的作用，结果如我们预期的那样，地方政府分享比例的下降强化了政企合谋的作用，2002 年之后政企合谋导致的逃税是之前的 4 倍，这两个回归的结果对比也说明

---

① 见《关于纠正地方自行制定税收先征后返政策的通知》。

政企合谋导致的逃税主要发生在 2002 年之后。第 5 个回归在第 4 个回归基础之上加入了局长外派与任职年限的交互项，任职年限越长，国税局长与地方政府的互动越多，政企合谋的程度也越深，结果发现每多任职一年，企业平均税负下降 0.17 个百分点，这验证了本章所提出的理论假说 2，即本地任职年限的增加会增大异地调任国税局长被地方政府"俘获"的概率，从而加深政企合谋的程度，导致企业逃税水平的提高。因此当一个外调的局长在本地工作的时间超 8 年（0.0142/0.0017），其与本地晋升的局长没有显著差异。

表 3-3　　　　　　　　　　国税局长的管辖范围

变量名	央企+外企	非央企/外企	国税企业	国税企业	国税企业
局长外派	0.0244*** (0.0013)	0.0085** (0.0044)	0.0233*** (0.0013)	0.0059*** (0.0017)	0.0142*** (0.0038)
局长外派× D2002				0.0200*** (0.0016)	
局长外派× 任职年限					-0.0017*** (0.0003)
企业规模	0.026*** (0.0007)	0.0139*** (0.0012)	0.0226*** (0.0006)	0.0224*** (0.0006)	0.0138*** (0.0009)
贷款能力	-0.0024*** (0.0009)	0.012 (0.0099)	-0.0002 (0.0021)	-0.0002 (0.002)	0.0161** (0.001)
资本密集度	-0.0351*** (0.0021)	-0.0098*** (0.0028)	-0.0246*** (0.0017)	-0.0244*** (0.0017)	-0.009*** (0.0024)
存货密集度	0.0051** (0.0022)	0.0178*** (0.0035)	0.0096*** (0.0019)	0.0097*** (0.0019)	0.0169*** (0.0027)
盈利能力	0.0086*** (0.0019)	-0.0061*** (0.0019)	-6.70e-05 (0.0013)	-0.0002 (0.0013)	-0.006*** (0.0017)
Within-R^2	0.013	0.175	0.211	0.224	0.209
观测值	377558	298795	676353	676353	376117
年份虚拟	Y	Y	Y	Y	Y
行业虚拟	Y	Y	Y	Y	Y
地区虚拟	Y	Y	Y	Y	Y
成立时间	全部	2002 年后	全部	全部	2002 年后

注：括号内为标准误，**和***分别表示 5% 和 1% 的显著性水平。

但是上述的回归也可能同时存在两个其他的替代性假说，而这些替代性假说对本章结论的影响是致命的。首先，可能某些遗漏变量同时影响了国税局长的异地交流和企业逃税，使得本章的结论与政企合谋之间并无多大的关联。例如，尽管我们的统计表明，干部交流的目的主要是提高国税系统的独立性，但我们并不能排除以培养干部为目的交流，如果培养干部是为了提拔，则出现的情况是国家税务总局倾向于将局长调到经济发展较好的地区，这些地区的企业盈利空间更大，测算后的实际税负也更高，即经济发展水平同时导致了高税负和局长外调，因此我们前面看到的结果可能仅是一个巧合，反映了我们未能观测到的因素的影响。接下来，通过两种方式排除这种可能性，一是考虑地税局的企业，如果是巧合或者其他因素导致了国税局企业税负更高，那么这种加总层面的因素也会反映在地税局的企业税负上，例如经济形势好的地区，不仅其国税局管理的企业的盈利能力更高，同样的情况也会出现在地税局的企业。从表3-4第2个回归可以看出，地税局的企业税负没有明显变化，这说明局长调入地没有其他因素导致国税企业税负上升，仅仅是因为外调的局长与地方的合谋较少。二是考虑增值税的变化，我国的增值税采用的是进销项抵扣的办法，这样就使得下游企业对上游企业的逃税进行制衡，国税局长很难影响到企业的增值税税负，但是如果是经济发展形势趋好，那么增值税也会有所变化，从表3-4第1个回归可以看出，增值税税负不受局长外调因素的影响，这说明局长外调地区的所得税税负上升不是一个巧合。对比增值税与所得税的不同效应，前者的逃税很容易被国家税务总局发现，而后者被稽查的难度非常大，因此企业逃税也与税种的监管难度正相关。

表3-4　　　　　　　　替代性假说：巧合还是能力？

变量名	增值税	地税企业	剔除晋升	控制能力
局长外派	-0.0019 (0.0239)	-0.0047*** (0.0006)	0.0171*** (0.0013)	0.0268*** (0.0014)
企业规模	-0.0193 (0.015)	0.0139*** (0.0004)	0.0228*** (0.0006)	0.0206*** (0.0006)
贷款能力	0.01 (0.108)	-0.0307*** (0.0049)	0.0111** (0.0056)	-0.0008 (0.0026)
资本密集度	0.0392 (0.0433)	-0.0188*** (0.0013)	-0.0236*** (0.0017)	-0.019*** (0.0017)

续表

变量名	增值税	地税企业	剔除晋升	控制能力
存货密集度	0.0173 (0.0528)	0.0088*** (0.0016)	0.0056*** (0.0019)	-0.0119*** (0.002)
盈利能力	-0.0125 (0.0356)	0.0119*** (0.001)	0.0049*** (0.0014)	0.0031** (0.0012)
初任局长年龄				-0.0027*** (0.0001)
Within-R^2	0.005	0.103	0.141	0.133
观测值	1770437	1090352	536049	573647
年份虚拟	Y	Y	Y	Y
行业虚拟	Y	Y	Y	Y
地区虚拟	Y	Y	Y	Y
样本范围	全部	2002年前非央企/外资	国税企业	国税企业

注：括号内为标准误，** 和 *** 分别表示5%和1%的显著性水平。

第二个替代性假说是局长能力的影响，如果调入的局长能力更强，导致了企业税负更高，这也会对结果产生影响，说明那些本地晋升的国税局长的征税效率更低，并不是因为他们更容易被地方政府俘获，而仅仅是因为能力不足，因此上述结果就跟政企合谋没有关系。我们也通过两种方式来考虑能力假说，首先，能力越强的国税局长能够征收更多的税收，其表现在国税总局的考核中会脱颖而出，从而获得更大概率的政治晋升。在我们的样本中，一共有10位局长获得了晋升，其中晋升为总局的副部级干部有4位，另外6位在本地的人大或者政协获得相应的职位。我们在第3个回归将所有获得晋升的国税局长所对应的企业样本进行了删除，重新对式（3-1）进行回归，与基本回归相比，回归结果并没有出现明显的变化，这说明局长的能力对本章的基本结论影响不大。其次，一些文献发现在同级别的领导干部中，初次任职年龄越低的领导干部，其能力越强（陈硕，2012），因此初次担任国税局长的年龄可以在一定程度上度量能力的差异，在我们的数据中，虽然初次担任国税局长的年龄在50岁左右，但是年龄最小的仅为35岁，最大的是57岁。表3-5第4个回归中，采用已有文献类似的方法，加入了初次担任国税局长的年龄，可以看出该指标与实际税率显著负相关，说明能力越强的国税局长，其辖区内的企业逃税越少，同时我们也发现控制局长能力之后,外派的局长依然显著影响企业实际税率,因此政企合谋是企业逃税的一个主要解释。

表 3-5　　　　　　　　　企业所有制与流动性

变量名	地方国企	集体企业	混合企业	私营企业	外资企业
局长外派	0.0033 (0.0267)	0.0223 (0.0286)	0.0022 (0.0066)	0.0182*** (0.0062)	0.0283*** (0.001)
企业规模	0.0149 (0.0127)	0.008 (0.0077)	0.0102*** (0.0025)	0.0138*** (0.0014)	0.0265*** (0.0006)
贷款能力	0.0018 (0.0135)	0.0389 (0.06)	0.0526* (0.030)	0.0126 (0.0122)	-0.0014 (0.002)
资本密集度	-0.0292 (0.0243)	0.011 (0.0167)	-0.0172*** (0.0056)	-0.0078** (0.003)	-0.0345*** (0.0018)
存货密集度	0.0068 (0.0452)	0.0342 (0.0215)	0.0245*** (0.0070)	0.0156*** (0.0039)	0.0045** (0.0019)
盈利能力	0.0072 (0.024)	-0.009 (0.0057)	-0.0009 (0.0044)	-0.01*** (0.002)	0.0065*** (0.0017)
Within-R^2	0.008	0.012	0.097	0.186	0.177
观测值	3553	9497	70086	216362	360707
年份虚拟	Y	Y	Y	Y	Y
行业虚拟	Y	Y	Y	Y	Y
地区虚拟	Y	Y	Y	Y	Y
成立时间	2002年后	2002年后	2002年后	2002年后	全部

注:括号内为标准误,*、**和***分别表示10%、5%和1%的显著性水平。

理论上来说,地方政府之所以愿意给企业提供各种不合规的税收优惠,或是通过降低税收执法的力度来帮助企业逃避税收监管,主要是为了竞争流动性的资本,提高本地的经济总量。并不是所有类型的企业都可以享受到地方政府的特殊对待,而只有自身流动性足够强的企业才具备与地方政府讨价还价的能力,进而成为地方政府合谋所照顾的对象。因此,我们有理由认为政企合谋的程度与企业的流动性之间存在正的相关关系,相应的,局长异地交流的作用应该在流动性越强的企业中表现得更加明显。为此,在式(3-1)的基础上,将样本企业分为地方国企、集体企业、混合企业、私营企业、外资企业五种类型。① 其中，地方的国有企业和集体企业由地方政府直接进行管理，很难在区域之间进行流动，地方政府也不具备与其进行合谋的动机，而私营企业、外资企业才是地方政府所要竞争的对象。

表 3 - 5 给出了基于不同所有制的回归结果，这里的样本均是国税局管辖范围内的企业，结果与前文分析一致，在不具备流动性的地方国企和集体企业中，国税局长的异地交流对企业的逃税水平基本不产生作用，混合企业往往也由国有控股，其流动性一般也很差，因此不存在政企合谋的空间。而对于逐利性和流动性都较强的私营企业、外资企业（含中国港澳台企业），局长外派的虚拟变量显著为正，表明异地调任的国税局长对降低这类企业的逃税水平有显著的效果。特别的，对于外资企业而言，领导干部异地交流的作用非常明显，相比于本地晋升的局长，异地调任的局长使得这类企业的实际税率提高了将近 3 个百分点，考虑到样本范围内外资企业的实际所得税税率不到 8%，这是一个相当大幅度的提高。这也间接表明，在我国各级地方政府开展的招商引资竞赛中，存在着大规模的税源流失。

五、稳健性检验与进一步拓展

从上述的基本回归得到的结论还存在一些可能的干扰因素，接下来将利用一系列的稳健性检验来排除其影响。首先是政企合谋指标的设定问题。在基本回归中，我们将国税局长是否由异地调任作为政企合谋程度的指标，即某省国税局长在上任前的工作地点不在本地，我们就认为其与本地的联系较少，因而代表了较低的政企合谋程度；但实际中也可能存在另外一种情况，即本地国税局长虽然是由外地调任，但在之前有过一段时间在本地工作的经历，因而在本地也积累了相应的社会关系。在我国的实践中，这种例子并不

---

① 我国的税务征管办法依据的是初始的登记注册类型，也就是说即使后来由于企业重组等方式导致了企业类型的变化，但其税务登记机构不发生变化。基于此，本章依据企业的注册类型来区分所有制。

少见，通常某个副职干部为解决级别问题，会被调至异地担任正职的干部，然后一段时间之后又被调回本地担任正职干部，即本地国税局副局长调至外地任局长，然后再调回本地任局长。考虑到这种特殊性，为避免合谋指标的界定对于本章主要结论的影响，我们对局长外派重新定义，将具备本地工作经验的异地调任局长也等同于本地晋升。在我们的样本，总共有 6 位省级国税局长符合这一特征。① 表 3-6 第一个回归给出了更换指标后的结果，可以看出，合谋指标的定义对于本章的基本结论并不构成影响，局长外派的系数值与基本回归非常接近。

表 3-6　　　　　　　　稳健性检验

变量名	工作经历	局长籍贯	逃税指标（除总资产）	剔除上海	剔除无外调省份
局长外派	0.0241*** (0.0011)	-0.0007 (0.0005)	0.0023*** (0.0003)	0.0234*** (0.0011)	0.0237*** (0.001)
企业规模	0.0226*** (0.0005)	0.0166*** (0.0003)	0.0012*** (0.0001)	0.0216*** (0.0006)	0.0202*** (0.0006)
贷款能力	-0.0002 (0.0025)	-0.01*** (0.0024)	0.0061*** (0.0006)	-9.90e-05 (0.0025)	-0.0007 (0.0025)
资本密集度	0.0246*** (0.0015)	0.0213*** (0.0001)	0.002*** (0.0004)	0.0228*** (0.0015)	-0.0222*** (0.0016)
存货密集度	0.0096*** (0.0017)	0.0094*** (0.0012)	0.0043*** (0.0004)	0.0102*** (0.0018)	0.012*** (0.0019)
盈利能力	-6.81e-05 (0.0011)	0.008*** (0.0008)	0.0947*** (0.0003)	0.0004 (0.0012)	0.0015 (0.0012)
Within-R^2	0.189	0.012	0.149	0.112	0.126
观测值	676353	676353	676353	633040	533148
年份虚拟	Y	Y	Y	Y	Y
行业虚拟	Y	Y	Y	Y	Y
地区虚拟	Y	Y	Y	Y	Y
样本范围	国税企业	国税企业	全部	国税企业	国税企业

注：第一个回归的局长外派的定义为：曾经在本地工作过的赋值 0，否则赋值 1。括号内为标准误，*** 表示 10% 的显著性水平。

---

① 分别是：吉林——孙云志；黑龙江——赵晓明；河南——钱国玉；海南——林明鹊；四川——张崇明；贵州——刘毓文。

其次是国税局长籍贯的影响。在我国早期的领导干部任免中，为了尽量降低干部与地方之间的合谋，本人的籍贯也是一项重要的依据，2006年发布的《党政领导干部任职回避暂行规定》曾明确规定，县级和地（市）级党政一把手、纪委书记、组织部长、检察院检察长、法院院长和公安局长等七个主要职位的干部，不得在本人成长地担任。1998年国税系统的干部交流限定在副厅级以上，因此各省的副局长基本都是本地籍贯，同时那些由本地副局长晋升的正局长也是本地籍贯，为了进一步考察籍贯维度的政企合谋，我们在第2个回归中将政企合谋的指标更换为当地国税局长的籍贯，本地籍贯赋值0、外地籍贯赋值1，结果发现是否本地籍贯对于企业逃税的影响并不明显，一方面这说明籍贯并不是度量政企合谋的合适指标，另一方面也意味着政企合谋不受领导干部个人情感的影响，如对家乡的企业更多照顾，而是一种纯粹的政府行为。

再次是逃税指标的设定。由于逃税是违法的，为了避免国税总局的稽查，企业有可能同时操纵利润和逃税，如企业同时低报利润和税收，那么前述的实际税率就不是一个准确的度量方法。更严重的是，我们并不清楚企业低报利润和低报税收的幅度，如果前者高于后者，那么逃税指标是低估的，对结论影响不大，反之则结论不成立。为了考虑这种可能性，第3个回归采用新的实际税率为因变量，即企业所得税除以企业总资产，由于总资产不受企业逃税行为的影响，因此是一个更客观的指标，从结果可以看出，替换后的逃税指标对结论没有影响。

此外，本章的基本回归中包含了上海地区的样本。由于特殊的历史原因，1994年分税制改革时，上海的税务系统没有进行相应的改革，其国税与地税是两个机构合署办公"两块牌子、一套班子"，国税局长同时兼任地税局长，区县一级政府还只有税务局。在具体的税收征管过程中，所有税种统一由同一个税务局进行征收，这样一来，上海的税务机关在规模和人员上相比于其他地区要精简得多。① 但同时上海的企业数量又非常庞大，所以，一种可能的情形是，上海地区由于征税能力限制使得本地区的实际税率水平较低，企业偷逃税情况较多，而由于上海没有纳入国税系统的垂直管理体系，样本期限内上海所有的国税

---

① 以2010年税务系统正式职工人数为例，上海的人员规模仅大于青海和宁夏，小于全国绝大多数的省份。

局长都是由本地晋升的，上文的基本结论就有可能是由其他地区与上海之间征税能力的差异所导致，而与政企合谋没有因果联系。为了排除这一情形，在表 3-7 第 4 个回归将上海地区的企业剔除，其中局长是否外派的虚拟变量显著为正，这就排除了上海特殊的税务体制对基本结论的影响。

最后，有些省份在 1998~2007 年一直没有局长调入，如浙江省的国税局长自分税制改革开始，一直任期至 2013 年，一些欠发达地区的国税局长也是从本地晋升的，如广西、海南、西藏等。我们怀疑这些地区有些特征影响到局长的异地交流，如果此时这种特征也影响到企业税负的话，就存在遗漏变量偏误，为了排除这种可能性，在第 5 个回归剔除了那些没有局长外派经历的省份的企业样本，此时的样本省份都至少有 1 位局长是外地调入的，发现结果依然非常稳健。

六、结论与政策含义

中国的地区竞争由来已久，这种竞争一方面改善了投资效率和推进了市场化建设，另一方面也常常表现为竞次竞争。为了能够在横向的引资竞争中获胜，地方政府往往给予投资者过多的税收优惠，但地方政府并不具备调整法定税率的权限，因此不得不采取合谋的方式违规减税。但是，与制造业有关的主要税种都归国税局管理，而国税局又是垂直管理体系，地方政府需要"俘获"国税局为其服务，因此国税局长与地方政府的关系就显得至关重要，那些在本地有过较长工作经验的国税局长，自然很容易参与到地方政府的政企合谋中，进而造成了企业的大范围逃税。

本章基于 1998~2007 年中国规模以上工业企业和国税局长的匹配数据，考察了政企合谋对于企业逃税的影响。我们发现，中国国税系统于 1998 年开展的领导干部异地交流制度能够有效降低地方政府与企业之间的合谋，从而减少企业的逃税。实证分析揭示，相比于本地晋升的国税局长，异地调任的局长能够显著减少本地企业的逃税；并且，随着异地调任局长在当地任职年限的增加，异地交流遏制逃税的作用逐步被削减,这说明任职年限的增加提高了领导干部被地方政府"俘获"的概率,从而导致政企合谋程度的上升;进一步还发现异地交流的作用主要体现在流动性较强的私营企业和外资企业,这间接说明了政企合谋是为资本而竞争的事实。

从本章所衍生的政策含义非常直接,由于国税局长异地交流能够显著降低政企合谋,减少企业逃税和提高征税效率,因此应加强国税系统干部在地区间的轮换与交流。同时,由于任期会逐渐抵消异地交流的积极作用,因此需要对任期制定一个上限,从本章的估计结果可以看出,8年应该作为国税局长任期的上限,一旦任期超过8年,国税局长都应该再次进行异地交流。此外,虽然本章研究的是国税系统,但其研究结论同样可以推广至其他体系,如司法、质检、环保等。

第四章
征管独立性与税收收入增长
——来自国税局长异地交流的证据*

---

* 发表于《财贸经济》,2018 年第 11 期。

一、引　言

自金融危机以来，伴随着宏观经济整体下行的趋势，中国的税收收入也结束了高增长时代，逐步迈入中低速增长阶段。这突出表现为税收收入增长速度近年来的不断下滑，继20%与10%这两大关口失守之后，税收收入增长速度于2013年更是首次进入了个位数增长时代，创下了20世纪90年代以来税收收入增长的最低纪录。不仅如此，与高增长时代税收增速远超GDP增速不同，低增长时代税收收入增长的一个显著特点是低于同期的GDP增长速度。事实上，强大的税收收入汲取能力是现代国家存在的重要前提，是所有其他国家能力的基础（王绍光，2002）。如果缺乏稳定的税收收入，政府在诸如公共品提供和强化社会治理等方面的职能将无法得到有效发挥。因此，维持和保证税收收入的合理适度增长，是国家治理的首要任务。

在文献上，影响税收收入增长的因素得到了大量研究。总体而言，主要有如下四类：一是经济因素，包括GDP增长（潘雷驰，2007；周黎安等，2011；Reed，2008；Zeng et al.，2015），物价上涨（安体富，2002），产业结构变迁（郭庆旺，吕冰洋，2004；贾莎，2012；Karagöz，2013），工业化推进（王志刚，2007）和贸易开放度（Gupta，2007；Chaudhry and Munir，2010），土地财政（2007，曹广忠等），存量资产的累积（刘金东，冯经纶，2016）和国外援助（Paul and Oliver，2011；Benedek et al.，2012）。二是政策因素，通常来说，税收政策调整和制度变动，如税种的开征与停征、税率调整、税收优惠和税制变动均会影响税收收入。但政策调整带来的税收增长通常是一次性的，并不足以支撑税收收入的长期增长（吕冰洋，郭庆旺，2011）。三是制度因素，包括各国的普遍因素腐败（Imam and Jacobs，2007；Ajaz and Ahmad，2010）和社会制度（Bird et al.，2004），以及中国特有的制度因素，如税收征管集权改革（谢贞发，2016；王剑锋，2008），纵向税收分权（吕冰洋，2009），纵向税收竞争（汤玉刚，2010），税收和经济增长的统计口径差异（李方旺，2006）。四是征管因素，包括税收征管效率（Merrifield，1991；潘雷驰，2008；周黎安，2011；李建军，2013）以及税收管理技术进步（陈东，刘金东，2013）。

在上述四类因素中，征管因素被认为在推动中国税收收入的高速增长过程中扮演了关键角色，尤其是在解释"八五"之后中国税收收入长时间超 GDP 增长，即所谓"税收高增长之谜"的现象中，征管效率的提高被认为是重要的原因。高培勇（2006）认为，中国在分税制之后形成的"宽打窄用"的税制特点产生了巨大的征管空间，导致税收征管存在较大的弹性，税收收入的多寡极易受到征管效率和征税努力程度的影响。一些研究也从实证角度验证了征管因素对于促进税收收入增长的积极作用，如崔兴芳等（2006）使用 Mamlquist 指数法测算了我国各地区 1996~2003 年的税收征管效率，并在此基础上分析税收征管效率提高和税收增长之间的关系，发现税收征管效率提高 1 个百分点，会带来税收收入增加 0.645 个百分点。周黎安等（2011）使用查实率作为税收努力的度量，分别估计了国税和地税的征税努力对税收收入的效应，研究发现征税努力程度提高会促进税收收入增长，且地税机构比国税机构税收努力的边际效应更高。不过，需要指出的是，尽管上述研究从理论和实证等维度明确了税收征管效率对于促进税收收入增长的重要性，但却均没有明确征管效率的具体含义，而只是将其作为一个整体对待。换句话说，征管效率在上述研究中是一个"黑箱"，我们并不清楚究竟是什么因素或何种政策措施提升了中国的税收征管效率，这大大限制了上述研究对于现实政策的指导意义。尤其是在当下税收收入增速放缓的宏观背景下，只有进一步明确了提升税收征管效率的具体因素，才能制定出行之有效的政策措施。

在已有研究的基础上，本章尝试打开税收征管效率的"黑箱"，从征管独立性的角度探讨税收征管效率的提高及其对于税收收入增长的作用。理论上，提高征税机构的独立性能够有效降低征纳双方之间的合谋，减少地方政府对于税收征管的干扰以及税收征管中存在的腐败行为，提高整体的税收征管努力和效率。在微观层面，这会减少企业的税收不遵从行为，而宏观层面则会带来税收收入的增长。中国自 1998 年起实施的国税局长异地交流制度为我们检验征管独立性的上述效果提供了良好的自然实验机会。一直以来，领导干部的异地交流制度被认为能够有效提升执法机构的独立性，降低领导干部与辖区内居民的合谋程度，进而提升执法效率（陈刚，2012；陈刚，李树，2013；田彬彬，范子英，2016；曹春方等，2017）。基于1998~2010年中国省级层面分税种税收收入数据，以及省级层面国税局长异地交流的数据，本章从经验上考察了征管独立性的变化对于税收收入增长的影响。研究发现，税务机关独立性的提升显著促进了税收收入的增长，相比于国税局长由本地晋升的地区，拥有异地交流国税局长的地区税收收入增长更快。进一步的，从区分税种的维度来看，征管独立性的提升存在明显的作用边界，对所得税和消费税等征收自由裁量权较大的税种促进作用较为明显，而对增值税征管效率的提升则并不显著。此外，在所有制维度，相较于国有企业和集体企业，征管独立性的提升对私营企业税收收入的提升作用更为显著。在一系列稳健性检验后，上述结论仍然稳健存在。

本章的贡献主要体现在如下两个方面：首先，区别于以往研究中对征管效率的模糊处理，本章首次从征管机构独立性的角度明确了税收征管效率变动的具体原因，有助于厘清征管效率与税收收入增长之间的微观作用机制，是对现有研究的一个有益推进；其次，本章的研究也是对有关领导干部交流文献的一个补充，以往的研究从经济增长绩效、反腐败力度、环保监督以及企业微观行为变化等多个维度论证了领导干部异地交流的积极作用（张军，高远，2007；杨海生等，2010；陈刚，李树，2012；郭峰等，2016；金智，2013），本章的研究则从税收收入增长的层面提供了新的经验证据。

二、制度背景与理论假说

（一）制度背景：国税局长异地交流

地方政府之间的竞争被认为是中国经济实现长期高速增长的重要原因。在政治晋升的压力下，中央政府将 GDP 作为重要的经济考核指标，通过政治锦标赛的方式诱导各地区为增长展开激烈的竞争（周黎安，2004）。地区间的竞争一方面推动了中国经济的快速发展，但与此同时也引发了诸多社会治理问题，主要表现为地方政府支出结构的偏向，如地方的财政支出大力向基础设施和与招商引资相关的领域倾斜，而忽视教育、医疗、卫生等民生性支出。以及为了吸引流动性资本，地区间在实际税率维度展开激烈的朝底竞赛（race to bottom），非法降低企业税负，造成了国家税收收入的大量流失。

理论上，税务机关是负责企业税收征管的直接部门，因此，地方政府的税收竞争行为需要通过税务征管机关执行。在分税制以前，由于税务局在行政上隶属于当地政府，因此，采用税收手段开展招商引资的竞争非常普遍，且在执行层面并没有太多障碍。其结果是宏观税收收入的损失，并带来"两个比重"的下降，其中，全国财政收入占 GDP 的比重从 1980 年的 23% 下降到 1993 年的 10.7%，中央财政也面临空前的困难。很显然，税务征管机构缺乏独立性和自主性，其征管行为容易受到地方政府的干扰是导致上述现象的关键因素。因此，如何提高税务机构的独立性，便成为后续财税领域改革的一条重要逻辑主线。

第一次重大尝试便是 1994 年所进行的分税制改革。在这次改革中，除了重新规范了中央和地方之间的税收收入分成比例，另一项重要的改革内容便是在原有税务局的基础上，单独分离出国税局，实行国税地税并行的征管体制。其中，为了最大限度地减少地方政府的干预，国家税务局在行政上实行垂直管理体制，即国税系统在人事任免、经费开支和机构编制等各方面实行下管一级的原则，其中省一级的领导干部由国家税务总局进行直接任免，并不受同级地方政府的制约，这样的做法极大地保证了国税系统的征管独立性。尽管此时地税局仍然实行属地化管理，在行政上隶属于同级地方政府，但由于重大税种，特别是共享税种的征税权掌握在国税局手中，因此，由地区间竞争所导致的税收收入损失得到了极大压缩。

国税系统的分设固然能够有效排除地区间竞争对于税收征管的干扰，但从技术层面来说，机构的独立是一方面，如何从制度上杜绝或减少征管人员的腐败也是需要应对的重要问题。根据尹振东（2011）的研究，垂直管理后的机构并不一定有激励依法监管，因为地方政府有可能动用资源俘获其管理人员，双方达成合谋。此外，税收征管体制本身的漏洞也对征管独立性构成了一些干扰。从发展过程来看，中国的税收征管体制经历了从"专管员"制度到"管理员"制度的转变，但无论是在前期还是后期，税收征管制度的一个重要特征是征管的各个环节之间彼此交叉，尤其是征收、管理与稽查三者并没有做到有效分离，其后果是税收征管的执法自由裁量权过大,税收征管各环节之间缺乏有效地制衡与监督,在人员缺乏流动的情况下,很容易引发征管机构与纳税人之间的合谋,诸如"关系税"和"人情税"之类的现象屡见不鲜,同样造成税收收入的流失(张建湘、黄国南,1994;李林军,2012)。

在上述背景下,为了最大限度避免人员的长期固定所带来的政企合谋与征管腐败问题,中国国家税务总局自 1998 年起尝试在系统内推行国税局长的异地交流制度①。具体的交流范围涵盖了省、自治区、直辖市、计划单列市国税局中的副厅级以上干部,以及总局机关及其下属事业单位的副司级以上干部。文件规定,正职干部的本地任职年限达到 5 年或副职干部的本地任职年限达到 10 年就应该进行异地交流任职。在 1998 年之前,各地的国税局长基本都由本地升任,很少存在跨区域的人员调动②,而在此之后,异地调任逐渐变得频繁起来。以各省级国税局局长层面的交流为例,截至 2013 年底,我国 30 个省份中(不含上海③),有 20 个省(自治区、直辖市)的国税局局长是经由其他省份到本地交流任职,占全部国税局长总数的 67%。从交流的具体形式来看,既包括异地的平级调动,也包括异地的晋升调动,且交流大多限于省市间的平行交流,与总局之间的纵向交流并不频繁。据统计,1998~2013 年,共出现了 38 位异地交流的国税局长,其中由总局交流至地方的仅有 9 位,这在一定程度上说明交流主要目的并不是为了锻炼干部,而是增强国税系统执法的独立性。

(二)理论假说:征管独立性与税收收入增长

理论上,征管机构独立性的提升会在从以下两个渠道提升征管效率,促进税收收入的增长:第一,独立性的提升减少了国税系统被地方政府俘获的概率,降低政企合谋的程度。在地方为增长而竞争的大背景下,为了实现招商引资的目标,地方政府尝试通过非法的渠道为企业违规减税。此时,尽管国税系统在行政上实行下管一级的垂直管理模式,并不受同级地方政府的约束,但为了在

---

① 见《国家税务总局系统领导干部交流暂行办法》。
② 当然,这种情况也与国税系统的成立时间较短有关系。
③ 由于上海地税局和国税局实行合署办公,并不存在国税局长异地交流,故此处不包含上海。

以经济绩效为主要考核指标的晋升锦标赛中获胜，地方政府会积极动用相关资源对国税系统施加压力（周黎安，2004）。尤其是当国税局长自身存在一定的违纪问题时，地方政府可能会以反腐败的名义对不合作的国税局长实施可置信的威胁（Chen，2017）。范子英和田彬彬（2016）的研究认为，征管独立性的提高能够有效降低政企合谋的程度，尤其是降低国税系统领导干部被地方政府俘获的概率，从而提高税收征管效率。第二，独立性的提升能够有效破解"关系税"和"人情税"等税收征管的腐败现象。中国现行的税制以及税收征管体制特点决定了征管人员具备较大的执法自由裁量权，因此整体的税收执法风险较大，容易滋生税收征管的腐败行为，诸如"人情税"和"关系税"等现象屡见不鲜。独立性的提升，尤其是领导干部异地交流制度的实行，能够有效减少税收执法人员在本地的社会资本，降低征管人员与纳税人之间的合谋程度，从而提高税收征管效率。由此，提出理论假说1：

假说1：征管独立性的提高能够促进税收收入的增长，相比于没有交流的地区，存在领导干部交流的地区其税收收入增长更快。

此外，需要说明的是，对于税收收入的增长来说，征管独立性的提高存在一定作用边界。无论是基于减少地方政府干预的逻辑，还是基于减少税收征管腐败的逻辑，征管独立性的提高能够促进税收收入增长都存在一个重要的前提，那就是存在一定的征管空间或是自由裁量空间。换句话说，只有税收征管人员对于具体税种的征管具备较大的自由执法权限，征管独立性的提升才能在微观和宏观层面遏制逃避税行为的产生，促进税收收入的增长。相应的，在人为征管空间不足的税种中，征管独立性对于税收收入的影响也缺乏必要的基础。在我国现行的税种中，不同税种的征管空间存在较大的差异。由于存在诸多的人为核定事项，如费用扣除以及资产损失的认定等，在企业所得税的征管中，征管人员的个人判断对企业税负水平有重要的影响。而不同于企业所得税，我国的增值税以购进扣税法作为征收基础，整个征管过程主要依赖于专用发票的管理和纳税人之间的互相制衡，除了企业自身所处的行业和管理的规范程度之外，其税负水平的高低较少受到税收征管人员的影响。由此，提出理论假说2：

假说2：相比于增值税等征管空间较小的税种，征管独立性的提高对于促进企业所得税等征管空间较大的税种收入更为明显。

三、研究设计

(一) 数据与样本

本章所使用的数据包括 1998~2010 年省级层面分税种税收收入数据以及国税局长异地交流数据。其中,国税局长异地交流的数据来自历年的《中国税务年鉴》,又经作者整理汇总得到。我们通过税务年鉴查询各个省份的正副局长姓名,获得了 1998~2010 年的 76 位国税局长数据。再通过公开的信息搜索获取国税局长的个人特征信息,如年龄、性别和任职经历等。对于局长的任职经历信息,我们从《中国税务年鉴》中追踪记录了局长的上一个工作地和本地任职年限的数据,又通过互联网和新闻报道对其此前工作地和任职后去向进行搜集整理,得到了包括此前工作地、上一个工作地、本地任职年限和任职后去向在内的国税局长的完整任职变动信息。同时,对于同一年度内有多位国税局长任职的情形,我们根据任职年限是否超过 6 个月来确定,将任职年份超过 6 个月的视为当年的国税局长。

本章所使用的税收收入数据主要是国税局所负责征收的总收入、企业所得税、个人所得税、增值税和消费税等税收收入数据,在稳健性检验部分还用到了地税的企业所得税、营业税和个人所得税数据,这些数据均来自各年份的《中国税务年鉴》。我们又将税收收入数据与国税局长数据按照年份和地区进行匹配,构造了本章所使用的面板数据集。

(二) 模型设定

税收收入增长的因素纷繁复杂,为了准确评估征管独立性对税收收入增长的净效应，需要将其他因素的政策效应"剥离"出来。国税局长的异地交流在时间和空间维度上均存在差异，时间层面上，对单个省份而言，国税局长进行异地交流存在不同的时间节点，地区层面上，同一年度内国税局长的异地交流仅存在于部分省份。本章使用双重差分的方法进行实证检验，由于国税局长的异地交流并非"一刀切"，而是逐步推开的，故采取了一个变通的模型：

$$Tax_{it} = \beta_0 + \beta_1 Indep_{it} + \beta_2 X_{it} + \gamma_i + \lambda_t + \varepsilon_{it} \qquad (4-1)$$

其中，下标 i 是省份；t 是年份；Tax_{it} 是所属省份国税局所征收的税收收入总和（对数形式）；$Indep_{it}$ 衡量的是税务机构的独立性。按照本章的识别策略，存在局长异地交流的其所属地区国税局的征管独立性更高，因此，根据本地区的国税局长异地交流情况来为 $Indep_{it}$ 赋值，若某地区当年的国税局长是异地交流来的，则 $Indep_{it}$ 赋值为 1，反之，若为本地任职，则赋值为 0；γ_i 和 λ_t 分别为省份和年份固定效应，分别控制政策虚拟变量和时间虚拟变量。因此，β_1 是倍差法的估计结果，若征管独立性的提高促进当地税收收入增加，则预期 β_1 符号显著为正。为了考察领导干部异地交流效应的稳定性，在模型中加入了相关控制变量 X_{it}，包括国税局长的个人特征，如局长本地任职年限和年龄。其中，本地任职年限会对国税局长的独立性产生重要影响，随着本地任职年限的增加，国税局长被地方政府"俘获"的概率增加，政企合谋的程度会提高（范子英，田彬彬，2016）。此外，年龄是影响国税局长执政和晋升能力的重要因素，姚洋和张牧扬（2013）证实了领导干部年龄对其政治绩效具有显著作用，在 50 周岁以前，领导干部的晋升概率会不断增加，在 50 周岁以后开始下降。宏观层面的控制变量包括前述影响税收收入的重要因素，如经济规模、第二产业比重、第三产业比重等，各变量的描述性统计如表 4-1 所示。

表 4-1　　　　　　　　　　主要变量描述性统计

变量名	变量定义	观测值	均值	最小值	最大值
局长外派	异地任职-1，本地任职-0	389	0.329	0	1
经济总量	GDP 对数	389	0.671	0.022	4.601
第二产业占比	第二产业产值/GDP	389	0.461	0.197	0.615

续表

变量名	变量定义	观测值	均值	最小值	最大值
第三产业占比	第三产业产值/GDP	389	0.387	0.286	0.755
本地任职年限	局长本地任职年限	389	4.7146	1	15
年龄	局长年龄	343	52.58	36	60
国税总收入	国税局税收总收入对数值	389	15.007	11.736	17.704
国税企业所得税	国税局企业所得税收入数值	389	12.503	7.738	17.254
国税消费税	国税局消费税收入对数值	389	12.745	9.248	16.226
国税增值税	国税局增值税收入对数值	389	14.637	11.562	17.304
地税企业所得税	地税局企业所得税收入对数值	389	12.533	9.229	15.172
地税营业税	地税局营业税收入对数值	389	13.508	10.428	16.141
地税个人所得税	地税局个人所得税收入对数值	377	10.38	1.792	13.217

四、实证分析

（一）基本回归结果

首先检验假说1。表4-2给出了基于式（3-1）得到的回归结果。在第1列中，仅放入了反映征税机构独立性的局长外派指标，此时的被解释变量为各地区国税局征收的税收收入对数。可以看到，回归后的局长外派系数显著为正，表明相比于不存在外派的地区，存在局长交流的地区税收收入显著增加。进一步的，为了减少遗漏变量对于估计系数的影响，在第2列中加入影响税收收入的一些宏观经济变量，主要包括地区的国民生产总值和产业间的产值比重等指标，此时局长外派的系数大小明显下降，表明不控制宏观经济变量会大幅高估征管独立性的效应，但系数仍然显著为正。在随后的第3列和第4列中，进一步控制了国税局长的个人特征，如在本地的任职年限、局长年龄以及年份固定效应等变量，可以看到，此时的局长外派系数仍然显著为正，且系数基本保持稳定。这样，上述回归结果基本证实了理论假说1，即征管独立性的提高能够促进税收收入的增长，相比于没有交流的地区，存在领导干部交流的地区其税收收入增长更快。

表4-2 基本回归结果

变量名	国税总收入			
	（1）	（2）	（3）	（4）
局长外派	0.920*** (0.106)	0.123** (0.0594)	0.150** (0.0691)	0.149** (0.061)
GDP		0.574*** (0.0475)	0.530*** (0.0507)	0.530*** (0.037)
第二产业比重		0.142*** (0.00753)	0.148*** (0.00908)	0.148*** (0.011)
第三产业比重		0.133*** (0.00930)	0.141*** (0.0110)	0.164*** (0.0110)
任职年限			-0.0322*** (0.00958)	-0.03*** (0.0098)
年龄			-0.00272 (0.00725)	-0.0027 (0.0072)
Constant	14.71*** (0.0500)	2.821*** (0.625)	2.435*** (0.734)	2.435*** (0.734)
年份固定效应	N	N	N	Y
地区固定效应	N	N	N	Y
观测值	389	389	343	343
R-squared	0.175	0.788	0.770	0.770

注：括号内为标准误，** 和 *** 分别表示5%和1%的显著性水平。

其他变量方面，经济规模和产业结构与国税局征管的税收收入均呈现稳健和显著的正相关关系，这与GDP和制造业作为国税局重要税基的地位密不可分。在局长的个人特征层面，任职年限与税收收入增长呈负相关，表明任职年限越长，越不利于当地税收收入增长。这一结论与范子英和田彬彬（2016）的研究结论一致，在本地区任职的年限越长，国税局长在本地积累的社会关系和网络越复杂，这会在一定程度上损害征管的独立性，增加税收收入的流失。此外，局长的年龄也与税收收入呈负相关，但回归系数在统计上并不显著。

理论上，征管独立性的提高能够促进税收收入增长存在一个重要的前提，那就是存在一定的征管空间或是自由裁量空间。按照前文的表述，只有税收征管人员对于具体税种的征管具备较大的自由执法权限，征管独立性的提升才能在宏观上带来税收收入的增长。换句话说，不同征管空间的税种，征管独立性提升的税收收入效应应该存在差异。我们基于分税种的税收收入数据继续检验上述逻辑。在中国目前的主要税种中，企业所得税是征管空间较大的税种，其应纳税所得额是从营业收入中扣除营业成本，而成本核算具有多样性和复杂性，且目前企业所得税的税收优惠政策较多，税前扣除规定具有弹性，因此，企业所得税的征管空间巨大，征管机构和征管人员在涉税事项上具有较大的自由裁量权，总体的税收收入与征管机构的努力水平密切相关。此外，企业所得税管理信息化相对滞后，征管技术水平不高，这也在一定程度上降低了整体征管效率。从国税局征管的其他税种来看，消费税和个人所得税两个税种也是存在较大征管空间的税种。其中，消费税的税源较为分散，税目繁多，实行单一环节征收，与所得税一致，消费税的征管同样涉及对企业的查账征收，因此征管空间较大。我国个人所得税目前实行分类征收模式，税目繁多，缺乏有效的第三方报告制度，税务机关征管能力低下，大多数实行源泉扣缴，因此税收收入的多少与税务机关征管强度密切相关。

与上述税种不同，作为国税局征管的第一大税种，增值税税制设计十分科学，采取凭票抵扣的方式，下游企业的税款抵扣需要上游企业的增值税发票，上下游企业之间相互牵制，存在的逃税空间较小。在技术手段上，1994 年分税制改革后，为加强对增值税的监控管理，开启了以计算机网络为依托的增值税专用发票的管理，引入了一个网络和四个子系统所构成的金税工程。金税工程的推进使增值税信息化和网络化建设十分完善，基本实现了对增值税一般纳税人的全覆盖，大幅提高了增值税的实际征收率，基本做到了"应收尽收"。换句话说，增值税本身的征管效率已经很高，征管空间较小，因而征管机构独立性的提升对其税收收入的增长效果有限。

表 4-3 给出了分税种的回归结果。在第 1～第 3 列中，分别以国税局所征收的企业所得税、消费税和增值税税收收入作为被解释变量进行回归。与预期的一致，局长外派的系数仅在企业所得税和消费税中显著为正，而在增值税中

的系数尽管为正，但统计上则并不显著，这就证实了理论假说2，即相比于增值税等征管空间较小的税种，征管独立性的提高对于促进企业所得税等征管空间较大的税种收入更为明显。

表4-3　　　　　　　　　　　分税种回归结果

变量名	(1) 国税企业所得税	(2) 国税消费税	(3) 国税增值税
局长外派	0.108** (0.0501)	0.0481*** (0.0124)	0.0338 (0.0249)
GDP	1.734*** (0.237)	0.690*** (0.207)	0.795*** (0.0983)
第二产业比重	0.00846 (0.0119)	-0.0388*** (0.0103)	0.00552 (0.00492)
第三产业比重	-0.0186 (0.0136)	-0.0444*** (0.0118)	-0.00485 (0.00563)
任职年限	-0.0245*** (0.00763)	-0.0153** (0.00666)	0.00214 (0.00317)
年龄	0.0148** (0.00608)	0.0120** (0.00531)	-0.00178 (0.00253)
Constant	-2.968 (1.821)	9.426*** (1.588)	7.566*** (0.756)
时间固定效应	Y	Y	Y
地区固定效应	Y	Y	Y
Observations	343	343	343
R-squared	0.949	0.894	0.971

注：括号内为标准误，** 和 *** 分别表示5%和1%的显著性水平。

减少地方政府的干预，降低政企合谋的程度是征管独立性促进税收收入增长的重要渠道。从上述角度来说，由于地方政府竞争的对象主要是流动性资本，因此，局长的交流和征税独立性的提高也主要影响流动性企业的实际税负水平。从企业的所有制类型来看，私营企业的流动性最强，而国有企业和集体企业的流动性则较差，因而较少受到局长交流的影响。在微观层面，范子英和田彬彬（2016）发现，国税局长的异地交流主要减少了私营企业的逃税行为，国有企业和集体企业则基本不受影响。因此，一个直观的推断是，在宏观层面，征管独立性的提升也应该主要影响私营企业的所得税税收收入。

表4-4的回归结果证实了上述推断，分别以国税局所征收的国有企业、集体企业和私营企业所得税收入作为被解释变量，回归结果显示，局长外派的系数仅在私营企业中显著为正，而在流动性较差的国有企业和集体企业中则不明显，进一步表明征税独立性提升的税收增长效应存在所有制的差异。

表4-4　　　　　　　　区分所有制的回归结果

变量名	（1）国有企业	（2）集体企业	（3）私营企业
局长外派	0.131 (0.744)	-0.158 (0.182)	0.224* (0.132)
GDP	0.289*** (0.0654)	0.601*** (0.159)	0.311*** (0.116)
第二产业比重	0.0244* (0.0146)	0.0273 (0.0356)	0.0554** (0.0258)
第三产业比重	0.00327 (0.0169)	-0.0110 (0.0413)	0.0477 (0.0299)
任职年限	-0.0139 (0.00983)	-0.0326 (0.0240)	-0.00969 (0.0174)
年龄	0.0122 (0.00744)	-0.0197 (0.0181)	0.0160 (0.0132)
Constant	10.84*** (1.195)	10.67*** (2.916)	5.421** (2.114)
时间固定效应	Y	Y	Y
地区固定效应	Y	Y	Y
Observations	342	339	341
R-squared	0.760	0.564	0.834

注：因变量为国税总收入。括号内为标准误，*、**和***分别表示10%、5%和1%的显著性水平。

（二）替代性假说

通过上述基本回归结果，证实了征管独立性的提高对于税收收入增长的积极效应。需要指出的是，基本回归结果还受到一些替代性假说的影响，主要包括如下几个方面：

首先，是国税局长自身能力的影响。一个合理的假设是，若异地任职的国税局长能力普遍较强，导致所在省份某些税种的税收收入更高，说明税收收入的提高可能仅仅是由外派国税局长的征税能力强带来的，而并非由于异地交流，导致上述结论与征税独立性无关。因此，在回归中加入了衡量国税局长能力的因素，以消除此方面的干扰。借鉴以前文献的经验，使用国税局长初次担任正厅级干部的年龄作为其能力的度量指标。一般来说，初次担任厅级干部的年龄越小，其能力越强（陈硕，2012）。在表4-5第1列中，加入异地交流国税局长初次担任正厅级干部的年龄指标，局长外派的指标依然显著为正，结论依然稳健，异地交流来的国税局长的确能显著提高国税局的征税独立性，提高当地企业所得税收入。

表4-5　　　　　　　　　　替代性假说

变量名	(1) 局长能力	(2) 地税所得税	(3) 地税营业税	(4) 地税个人所得税
局长外派	0.157** (0.0736)	0.0573 (0.0576)	-0.0189 (0.0364)	0.0566 (0.0498)
GDP	1.570*** (0.285)	0.816*** (0.227)	0.528*** (0.143)	0.842*** (0.196)
第二产业比重	-0.00812 (0.0153)	0.00796 (0.0114)	0.00952 (0.00717)	0.0131 (0.00982)
第三产业比重	-0.0375** (0.0163)	0.00848 (0.0130)	0.00632 (0.00821)	0.0261** (0.0112)
任职年限	-0.00958 (0.0121)	0.0123* (0.00732)	0.00503 (0.00462)	0.0213*** (0.00632)
年龄	0.00998 (0.0120)	0.00540 (0.00584)	-0.00142 (0.00368)	-0.00605 (0.00504)
局长能力	0.00411 (0.0138)			
Constant	-0.175 (2.300)	4.286** (1.746)	7.948*** (1.102)	3.325** (1.508)
时间固定效应	Y	Y	Y	Y

续表

变量名	(1) 局长能力	(2) 地税所得税	(3) 地税营业税	(4) 地税个人所得税
地区固定效应	Y	Y	Y	Y
Observations	241	343	343	343
R-squared	0.924	0.846	0.945	0.928

注：第1列因变量为国税总收入。括号内为标准误，*、** 和 *** 分别表示10%、5%和1%的显著性水平。

其次，考虑了经济发展状况的影响。倘若存在既影响领导干部异地交流又影响税收收入的因素，也会使得本章结论受到影响。在国税总局下发的国税系统领导干部交流的文件中，第一条便明确指出干部交流有提高领导干部素质的目的。若实行干部交流是为了提拔干部，则外派国税局长更容易被调任到经济发达地区，以便有更大的锻炼空间。而经济状况发达会直接导致当地的税收收入增长。不难看出，发达的经济状况同时引致了外来交流的局长和税收收入增长，这会导致前述实证结果面临内生性的质疑。为此，我们考察了地方税务局所负责的企业，如果当地税收收入的增长与局长外派带来的征管独立性提高无关，而是由于经济因素或其他未知因素所造成的巧合，那么这种因素同样会作用在地税局所管理的税种上。如对于经济发达的地区，无论是国税局负责征管的税种，还是地税局负责的税种，都会出现税收收入增长的情况。从表4-5的第2~第4列回归结果可以看出，地税局负责征管的税收，局长外派的回归系数均不显著，说明国税局长外派，以及由此产生的国税局征管独立性的提高并促进国税局税收收入增长，不可能是由于可能会同时影响局长外派和税收收入的地区经济因素带来的。

（三）稳健性检验

除了替代性假说以外，为了进一步提高基本结果的稳健性，在核心指标的构建以及样本范围等多个方面进行了检验。首先，对国税局长的异地交流进行了重新认定。在基本回归中，如果局长的上一个工作地不在本地，就被认定为异地交流。不过，在中国的领导干部选拔实践中，为了提高某一位干部的行政级别，一种常见的做法是先异地提拔至其他地方，然后再经过一定任期后重新回到本地任职。也就是说，尽管干部的上一任工作地不在本地，但其上上任甚至更早期间有过在本地的工作经历，因此从独立性的角度来说，由于交流的局长在本地仍然拥有广泛的社会联系和网络，其对征管独立性的提升作用有限。为了剔除关键变量的定义对基本回归结论造成的影响，我们对局长异地交流的指标进行了重新定义，将上一任工作不在本地但在本地有过工作经历的交流定义为本地晋升。重新定义指标后的回归结果如表 4-6 的第 1 列所示，此时局长外派的系数依然显著为正，表明关键指标的设定并没有对基本回归结果构成威胁。

表 4-6　　稳健性检验

变量名	(1) 工作经历	(2) 剔除上海+西藏	(3) 剔除无交流	(4) 可变固定效应
局长外派	0.110** (0.0544)	0.159** (0.07)	0.150** (0.0691)	0.116* (0.0681)
GDP	0.534*** (0.0508)	0.487*** (0.053)	0.530*** (0.0507)	0.51*** (0.0491)
第二产业比重	0.149*** (0.00912)	0.157*** (0.009)	0.148*** (0.00908)	0.153*** (0.00884)
第三产业比重	0.141*** (0.0111)	0.156*** (0.012)	0.141*** (0.0110)	0.124*** (0.0110)
任职年限	0.00120 (0.00950)	0.0011 (0.0098)	0.00322 (0.00958)	0.00575 (0.00939)
年龄	-0.00295 (0.00730)	-0.0068 (0.0063)	-0.00272 (0.00725)	-0.00330 (0.00703)
Constant	2.418*** (0.740)	2.431*** (0.734)	2.435*** (0.734)	2.853*** (0.704)
时间固定效应	Y	Y	Y	Y
地区固定效应	Y	Y	Y	Y
时间×地区固定效应	N	N	N	Y
Observations	343	326	209	343
R-squared	0.769	0.783	0.770	0.784

注：因变量为国税总收入。括号内为标准误，*、** 和 *** 分别表示 10%、5% 和 1% 的显著性水平。

其次，对样本范围进行了一些调整。基本回归的样本中包含了上海和西藏地区的样本，事实上，自分税制实施以来，上海一直实行国地税合署办公，即在名义上存在国地税的分设，但实际运行中，两个机构是一套班子，各个层级的国税局长同时兼任地税局长，且在区级层面并不区分国地税。而西藏地区由于企业数量较少，大部分地区仅保留国税局。这样带来两个问题，一是异地交流的定义无法区分是国税局长还是地税局长，二是税收总收入以及分税种的税收收入也无法区分至国税地税层面。为了避免上述两个问题对基本回归结论产生影响，尝试剔除上海和西藏的样本重新进行回归。回归结果如表4-6第2列所示，可以看到，此时的局长外派系数仍然显著为正。

最后，在样本区间内，部分省份一直没有进行国税局长的交流，如部分欠发达地区的国税局长一直由本地晋升（广西、西藏），也有部分省份的国税局长存在超长任期，因而在样本期内没有发生局长的更替（如浙江）。为了避免局长的交流和税收收入的增长之间同时受到某个遗漏变量的影响，从而造成估计结果的偏误，在表4-6的第3列中，将样本期内没有局长交流的样本剔除，重新进行回归，此时关键变量的系数仍然非常稳健，并不受样本范围变化的影响。进一步的，在第4列中，控制了随时间变化的固定效应，以最大限度地剔除潜在遗漏变量的影响，可以看到，此时局长外派的系数仍显著为正。

五、结论与建议

理论上，征税机构独立性的提升能够减少地方政府的干预和税收征管的腐败行为，进而在宏观上促进税收收入的增长。在本章中，以中国国税系统自1998年起实施的国税局长异地交流制度为背景，考察了征税独立性的变化对于税收收入的影响。研究发现，税务机关独立性的提升显著促进了税收收入的增长，相比于国税局长由本地晋升的地区，拥有异地交流国税局长的地区税收收入增长更快。进一步的，从区分税种的维度来看，征管独立性的提升存在明显的作用边界，对所得税和消费税等征收自由裁量权较大的税种促进作用较为明显，而对增值税征管效率的提升则并不显著。此外，从企业的所有制类型来看，征管独立性的作用范围主要存在于流动性较强的私营企业，对国有企业和集体企业的税收收入的作用效果并不显著。

  本章的研究所衍生的政策含义是直接的。在现行的税收征管体制下，独立性的提升是提高税收征管效率的有效方式，而领导干部的异地交流制度则可以被视为提升独立性的具体措施。自金融危机以来，中国的税收收入增速开始逐步趋缓，各级政府所面临的财政压力和征税压力也逐步增大。党的十八届三中全会明确了财政在国家治理中的基础和重要支柱地位，同时提出要建立现代财政制度，而一个独立且高效的税收征管制度是现代财政制度的重要组成部分，本章的研究表明，从制度层面提升我国当前税收征管机构的独立性，对于实现税收收入的长期增长具有重要意义。

  此外，根据最新的国务院机构改革方案，现有的国地税征管机构将实现合并，且合并之后的征管机构将实行以国家税务总局为主与省（区、市）人民政府的双重领导管理体制。事实上，这是自分税制以来，我国税收征管制度时隔24年后进行的又一次重大改革。需要指出的是，从分税制以来的改革经验看，在原有国税的基础上，将地税系统全部纳入垂直管理体系将极大地提升现行税收征管体制的独立性，尤其是能够大量减少地方政府对于税收征管的干扰。因此，基于本章的研究结论，未来将进行的国地税合并改革对我国未来的税收收入增长将具有积极意义，使我国的国家能力建设迈上新的台阶。

第五章
最低工资标准与企业逃税
——来自中国工业企业的经验证据*

* 发表于《经济社会体制比较》，2019年第1期。

一、引　言

作为一项保护劳动者权益和缓解社会收入差距的重要制度措施，自1993年开始推行以来，中国的最低工资制度得到了持续改进和完善。一方面，最低工资的标准得到不断提高，国家层面的最低工资标准由最早的平均不到200元提升到2017年的平均1800元，而在地方层面，部分发达省市的最低工资标准早已突破2000元大关①，最低工资对于保障劳动者基本生活的意义越发凸显（Xing and Xu，2015）。另一方面，随着标准的提高，对于最低工资标准执行的监督力度也在不断增强，尤其是2004年《最低工资规定》出台以来，中国政府强化了最低工资标准的执行力度，大大提升了最低工资制度的整体遵从率（马双，2012；叶林祥等，2015），使其逐渐成为影响企业实际运营的一项重要政策。

在文献上，大量研究探讨了最低工资制度对于企业和社会的影响。首先，从政策的实施角度来看，最低工资制度通过价格干预的方式来实现其对劳动者的保护，这会对劳动的供给和需求产生重要的影响，因此，有关最低工资制度对就业的影响一直是文献所关注的焦点（Card，1992；Katz and Krueger，1992；张五常，2000；平新乔，2005；蔡昉，2010；丁守海，2010；马双等，2012），不过由于研究背景和数据的差异，上述研究并没有取得一致的结论。此外，通过影响低收入人群的工资水平，最低工资制度被认为在一定程度上改善了收入分配状况（孙中伟，舒玢玢，2011；贾朋，张世伟，2013）。同时，对于企业来说，最低工资制度提高了整体的用工成本，这又会影响其产品竞争力，进而对企业的出口和盈利能力产生影响（Egger，2009；孙楚仁，2013a，2013b；Mayneris et al.，2015；赵瑞丽等，2016；Draca et al.，2011；邓曲恒，2015）。

而基于企业用工成本和负担提升的前提，文献发展的另一个脉络是考虑企

---

① 在最新公布的最低工资标准中，上海、深圳、浙江、北京以及天津五省市均突破2000元，其中上海的第一层次标准达到2300元每月。

业主动规避最低工资制度负面影响的各种策略性反应。例如，叶林祥等（2015）发现，在违法成本不高的情况下，企业直接选择不执行最低工资政策。或者，在执行的情况下，从其他维度来进行规避，如缩减针对员工在职培训的支出规模（马双，甘犁，2014）；提高产品的价格，将最低工资制度的负面效应转嫁给消费者（徐建炜等，2017）；精简人员结构、提高内部治理的效率、加大资本对于劳动的替代（Card and Krueger，1994；赵瑞丽等，2016；蒋灵多，陆毅，2017），等等。不过，作为企业规避负担增加的一个重要手段，目前尚无研究从税收遵从或者逃税的角度来考察最低工资制度的影响。事实上，在利润最大化的目标下，作为企业盈余管理的一项重要内容，非法或合法的逃避税是企业应对成本增加并提升税后盈利水平的重要手段。相关的一个研究来自 Micro（2011），不过其研究对象是个人而非企业，研究发现最低工资标准的提高降低了企业和员工合谋低报名义工资的激励，进而减少了个人所得税的逃税。

本章尝试推进现有关于最低工资制度的研究，从逃税的角度来考察企业应对最低工资制度的策略性反应。理论上，最低工资制度的推行及其标准的提升会从不同方向影响企业的逃税激励：一方面，用工成本和负担的上升会增加企业的逃税动机，但与此同时，标准的持续提高会加大资本对于劳动的替代，并会淘汰部分低效率的企业进而降低行业的竞争程度，在资本整体税负较低以及行业垄断利润增加的背景下，这又会降低企业的逃税激励。基于1998～2007年中国工业企业数据，结合手工搜集的中国地市级层面最低工资标准数据，本章从经验上分析了最低工资标准对于企业逃税的影响。研究发现，最低工资标准与企业逃税之间呈现出倒 U 形关系，即随着最低工资标准的持续提高，企业的逃税程度先增加后减少。同时，上述结论存在行业和地区的异质性，主要存在于劳动密集型行业以及东部地区，而在资本密集型行业和西部地区中则不明显。在进行了一系列稳健性检验后，上述结论仍然成立。

本章的贡献主要体现在如下两个方面：（1）丰富了有关最低工资制度的研究，从企业逃税的角度评估了最低工资制度的影响，为在理论和政策层面更为全面的了解最低工资制度的影响提供了经验证据。（2）拓展了有关企业逃税的解释，以往关于企业逃税的影响因素多集中于税收征管与企业内部的治理结构等（Desai et al.，2007；Wingender，2008；Cai and Liu，2009；高培勇，2006；

吕冰洋，李峰，2007；王剑锋，2008；周黎安、刘冲，厉行，2011），较少关注其他领域宏观政策的影响，而本章的研究是一个有益的尝试，为后续的研究拓展了思路。

二、制度背景与理论假说

（一）制度背景

最低工资是指在劳动者提供正常劳动的情况下，用人单位依法应该支付的最低劳动报酬。它起源于1894年的新西兰和澳大利亚，虽然中国为国际劳工组织的常任理事国，由于历史原因，实行最低工资制度的历史较为短暂。在1984年才批准了《制定最低工资确定办法公约》（Minimum Wage Fixing Convention，由国际劳工组织于1928年制定），但在相当长的一段时间内中国并没有一个官方的最低工资标准。

1993年，原劳动部发布《企业最低工资规定》，以行政规章的形式提出我国将实施最低工资制度。紧接着在1994年政府通过《中华人民共和国劳动法》[①]，提出我国将实行最低工资保障制度，确立了最低工资的法律地位，最低工资制度在我国正式实施。实施之初，只在部分城市和地区得到执行，1995年全国仅约130个城市贯彻该政策，在大多数城市流于形式。《企业最低工资规定》要求各省级政府要根据最低生活费用、平均工资、劳动生产率、城镇就业状况和经济发展水平等因素确定合理的最低工资标准，但没有详细规定最低工资标准的调整下限，且规定每年最多调整一次。这使得省级政府在调整最低工资标准方面具有很大的灵活性，许多地区最低工资标准多年保持不变（如甘肃、青海两

[①] 1994年7月5日第八届全国人民代表大会常务委员会第八次会议通过的《中华人民共和国劳动法》第48条明确规定，国家实行最低工资保障制度。最低工资的具体标准由省、自治区、直辖市人民政府规定，报国务院备案。用人单位支付劳动者的工资不得低于当地最低工资标准。

省 10 年来仅调整过一次）。

2004 年 1 月 20 日，劳动和社会保障部对原劳动部 1993 年颁布的《企业最低工资规定》进行修改和补充后，颁布了《最低工资规定》。2004 年，正值我国"民工荒"首次出现之际，此次"民工荒"主要出现在珠三角地区，突然爆发的"民工荒"打破了中国劳动力无限供给的神话，给大多数企业造成重创，引起了企业和政府的高度重视。据劳动和社会保障部发布的《关于民工短缺的调查报告》显示：工资待遇停滞、企业用工规模扩大、劳工权益缺乏保障、经济模式转变是造成"民工荒"的主要原因，而工资普遍较低和劳动环境差是主要原因。在此背景下，重新确立的最低工资制度，得到了空前重视，各省市积极开展最低工资制度的宣传活动。为缓解"民工荒"现象，2004 年下半年，各地方政府大幅调高最低工资，最低工资标准普遍偏低的现状得到了改善，《最低工资规定》切实得到执行。与此同时，我国也于 2004 年 12 月 1 日实施了《劳动保障监察条例》，改善了对于最低工资标准执行效果较弱的现状。

2004 年 1 月颁布的《最低工资规定》顺应现实发展，在诸多方面对最低工资制度进行了规范和补充。首先，进一步扩大其适用范围，除适用于原规定所囊括的中国境内各种经济类型的企业的劳动者之外，将各民办非企业单位、有雇工的个体工商户、国家机关、事业单位、社会团体的劳动者也列为最低工资制度的保障对象。其次，丰富了标准的形式，充分考虑多样化的就业形式，对非全日制劳动者实行小时最低工资。此外，明确了构成项目和扣除项目，要求在确定最低工资标准时要考虑社会保险费、住房公积金、当地经济发展水和失业率等多种因素。在扣除上，新规定要求企业在支付最低工资时应该剔除加班工资、特殊工作环境补贴和其他福利待遇等。在监管方面，对有违规企业的赔偿金额提高到所欠工资额的 1~5 倍（在原规定中这一比例只有 0.2~1 倍）。同时，在调整频率上，《最低工资标准》还规定各地区最低工资标准每两年至少调整一次。在测算方法上，使用比重法和恩格尔系数法确定最低工资标准。前者是以政府按照一定比例确定的贫困户计算出来的人均生活费用支出水平，乘以赡养系数得到；而后者是以政府根据相关数据计算出最低食物支出标准，然后除以恩格尔系数，乘以赡养系数得到。

2004 年 11 月，西藏自治区颁布本自治区的最低工资标准，自此我国 31 个省、自治区和直辖市都建立了最低工资制度。随着改革开放后经济的发展，最低工资标准的绝对量有很大的增长。1998年，各省份确定的月度最低工资基本不超过300元，但到2007年，绝大部分省份的最低工资集中在500~750元之间。从省与省之间的差距看，最低工资标准的地区差异比较大。2007年，全国各省市最低工资标准的标准差为115.5元，极差为380元，最高的为上海市840元/月，最低的是新疆维吾尔自治区360元/月，仅为上海市的42.9%。最低工资制度的实施有了广泛的社会基础，最低工资制度对经济和社会的重要性得到了普遍认可。

2008年1月1日生效的《劳动合同法》也包含多个关于最低工资的条款。但在2008年9月，国际金融危机爆发，东部省份大量出口加工企业出现停产甚至倒闭的情况，企业纷纷要求降低最低工资标准，打破了最低工资制度良好的发展态势，最低工资的增长出现停滞。迫于压力，2008年11月17日，人力资源和社会保障部下发通知，要求各省级政府在2009年暂缓上调最低工资标准，最低工资标准两年未涨。但随着金融危机影响的褪去，以及新一轮的"民工荒"的到来，各省市在2010年又开始了新一轮最低工资标准调整。2010年，共有30个省份上调了最低工资标准，平均调整幅度为23%；2011年，25个省份上调了最低工资标准，平均调整幅度为22%；2012年，25个省份上调了最低工资标准，平均调整幅度为20%；2013年，27个省份上调了最低工资标准，平均调整幅度为18%；2014年，19个省份上调了最低工资标准，平均调整幅度为14%；2015年，28个省份上调了最低工资标准，平均调整幅度为15%。2016年，在经济下行压力比较大的情况下，对最低工资标准做出调整的省份大大减少，仅9个省份提高了最低工资标准，平均增幅也降至10%。

（二）理论假说

通过文献的疏理和理论分析，对于企业的逃税激励而言，本章认为最低工资制度将通过如下三个效应产生影响：

第一，成本效应。通过对雇用工资规定一个下限标准，并且从实践来看，该标准通常都高于市场均衡的工资水平，最低工资制度的出台及其标准的提高将首先影响企业的劳动力成本，在同等雇用规模的情况下增加企业工资薪金的支出。进一步的，完整的生产链条除了劳动力的投入还涉及各种原材料和设备的投入，在最低工资标准普遍实施的情况下，伴随着行业成本的传导效应，最低工资标准还将进一步增加企业的可变成本和固定成本投入，而这将在短期内降低企业的盈利能力。盈利能力的变化能够直接影响企业的逃税激励：第一，盈利能力的高低与企业面临的税收征管力度呈现正相关关系，盈利能力越低的企业，其受到的税收征管力度相对较小，因而企业的逃税空间更大（Wilkie，1988；Wilkie and Limberg，1993）；此外，相比盈利能力高的企业，盈利能力较低地企业对各类税收减免和税收优惠政策的运用效率较低，并不能充分有效地利用上述政策来合法地降低企业税负，企业整体的实际税率水平较高，从而衍生较强的逃税激励（Manzon and Plesko，2001；Rego，2003）。因此，从成本效应的角度来看，最低工资制度推升了企业成本，降低了企业盈利能力，进而增加了企业的逃税激励。

需要说明的是，最低工资标准不仅会对那些雇用最低工资员工的企业产生成本效应，由于劳动力市场存在工资的溢出效应，那些没有雇用最低工资员工的企业也会因最低工资标准的提高而增加劳动力成本支出（徐建炜等，2017）。

第二，竞争效应。在成本效应的基础之上，随着最低工资标准的持续提高，部分效率较低的企业无法继续维持经营状态，进而逐步退出市场。对于仍然在位的企业而言，这意味着行业竞争的下降，行业集中度逐步提高以及边际利润的增加，企业的盈利能力得到提升（孙楚仁等，2013b；徐建炜等，2017）。赵瑞丽等（2016）认为，最低工资上涨势必会淘汰一些不符合要求的低效率企业，从而使得市场的平均生产率提高，存量企业的收入和盈利得到改善。基于Manzon和Plesko（2001）的研究，盈利能力的提升会提高企业对现行税收减免和优惠政策的运用效率，降低企业实际税负的同时减弱企业的逃税动机。

第三，替代效应。在资本价格不变的情况下，最低工资标准的持续提升抬高了劳动力的相对价格，企业会逐步采用资本来替代劳动，增加长期固定资产的投入，减少劳动力的使用。理论上，长期资产的总税前抵扣要大于工资薪金支出，同时加速折旧等方式还会进一步降低资产的整体税负，这会降低企业的逃税激励（Mayneris et al.，2014；Galindo and Pereira，2004）。以我国税法为例，在很长一段时期内，企业雇用劳动力所产生的工资薪金支出在税前只能部分抵扣，而对于资本和固定资产，除了存在加速折旧的渠道外①，还存在大量针对资本使用的税收优惠，如企业购进研发类的固定资产和设备，可以在购进当年税前扣除60%，以及企业购进的用于安全生产、节能环保等专用设备，其设备价值的10%可以直接抵免企业当期应纳税款等。因此，在替代效应的机制下，最低工资标准的持续提升会降低企业的逃税激励。

综上所述，对企业的税收遵从而言，在提升幅度不大的情况下，最低工资主要产生成本效应，标准的提高会增加企业的成本支出，降低企业的盈利能力，从而增加逃税激励。不过，随着最低工资标准的持续提高，竞争效应和替代效应将逐渐凸显，行业竞争的下降以及边际利润的增加将提升企业的盈利能力，而资本对于劳动的替代在整体上将降低企业的税负，上述两方面因素又会降低企业的逃税激励，减少企业的税收不遵从行为。

此外，对于不同所有制和不同行业的企业而言，最低工资制度的影响存在一定的异质性。首先，从所有制的维度来看，在中国的企业类型中，由于长期以来承受着税法的不公平待遇，以及面临较为恶劣的融资环境，因此相比于国有企业和中央企业等企业类型，私营企业表现出较强的逃避税动机，这充分体现在私营企业的名义所得税税率和实际所得税税率之间的巨大差距（Cai et al., 2005；李元旭，宋渊洋，2011）。曹书军等（2009）考察了我国不同所有制的上市公司的实际税负水平，发现在所有的所有制类型中，民营上市公司的实际税率是最低的，其理由是相比于国有企业，民营企业的经营目标更为单一，对利润最大化的追求更为纯粹，因而逃税动机会更强。因此，基于逃税动机的差异，我们预计最低工资标准对民营企业或外资企业的逃税影响较大，而对国有企业的影响较小。其次，从行业差异的角度，从本章前面的论述来看，最低工资制度主要通过影响企业的用工成本来影响企业的行为与决策，因此，一个简单的逻辑延伸是，相比于资本密集型的行业，对劳动力需求较大的劳动密集型行业受最低工资标准变化的影响应该更大。

基于上述讨论，提出如下两个可供检验的理论假说：

假说1：随着最低工资标准的逐步提高，在成本效应、竞争效应和替代效应的综合作用下，企业逃税呈现出先增加后减少的变化过程。

---

① 中国的税法中，大量行业的固定资产购进都可以享受加速折旧的优惠，如轻工、纺织、机械、汽车、生物制造、信息传输、软件制造、仪器仪表制造、计算机和通信设备制造等行业。

假说2：由于逃税动机较强，以及劳动在生产投入中占比更高，相比于国有企业或者资本密集型行业，最低工资标准的提升对民营企业以及劳动密集型行业影响更大。

三、研究设计

（一）逃税的测度

本章关注的是所得税的逃税。需要说明的是，本章所指的逃税主要指企业各种方式逃脱自身所应缴纳的税收，因此既包括非法的逃税，也包括合法的避税。在法律层面上，逃税和避税是截然不同的两个概念，两者存在清晰的界限，即避税是合法的，而逃税是非法的。但在实践中，法律本身往往是不明晰的，存在很多漏洞，不可能对所有可能的税收处理情形做出明确的规定，或者即使法律是清晰的，执法机关和纳税人也不是完全了解法律，这导致在现实中，逃税和避税往往是模糊不清的（Slemrod and Yitzhaki，2002）。从效果上看，逃税和避税都会导致政府财政收入的损失，并且在微观上都起到减轻企业税负的目的，基于此，很多学者通常不对逃税和避税做出严格区分（Seldon，1979；Cross and Shaw，1982）。而在关于中国企业逃税的研究中，有的使用了逃税（马光荣，李力行，2012；范子英，田彬彬，2016；田彬彬，范子英，2016），有的使用了避税（Cai and Liu，2009），实证文献有时候还使用更中性的表述，如税务违规。遵循已有文献的做法，本章同样不区分避税和逃税。

类似于腐败，作为一种隐蔽的经济行为，企业逃税的一个重要特征是难以被观测。因此，针对逃税的度量方式大都是间接的，极少有文献能够直接对逃税进行度量。在少数几个直接度量的文献中，Fisman和Wei（2004）巧妙地利用中国大陆和香港地区进出口数据的差异，研究了税率变化对于企业关税逃税的影响。Mironov（2013）采用俄罗斯的微观企业数据，通过大企业与其特殊关联子公司之间的交易数据衡量了企业收入转移以及逃税的规模,并进一步考察了逃税对企业绩效的影响。不过,显而易见的是,由于数据的不可获得,直接度量逃税是极难进行的。

在有关所得税的间接度量方法中,账面—应税收入差异(book-tax difference)是应用较为广泛的一种方法(Desai, 2005; Desai and Dharmapala, 2006)。其基本原理是,企业的会计账面利润与其应纳税所得额通常存在一定的差异,而造成差异的原因一方面是会计制度与税法规则之间存在的固有差异,另一方面则是企业出于逃避税动机对会计科目进行操纵的结果,因此,在有效的控制税费之间的固有差异以及企业常见的避税操纵之外,两者之间差异的变化可以用来度量企业逃税的变化。不过,需要指出的是,由于企业的应纳税所得额通常并不能直接获得,而需要根据企业已经缴纳的税收与其适用的税率进行倒推,因此,对于上市公司以外的研究样本,账面—应税收入差异法并不适用。

对于非上市公司,文献上常用的方法是由 Cai 和 Liu(2009)提出的国民收入核算法。从原理上讲,国民收入核算法与账面—应税收入差异法十分类似,唯一的差别在于,在无法获得应税收入的情况下,尝试通过国民收入核算的原理推导出企业的推算利润,然后通过比较企业报告的会计利润与推算利润之间的变动来衡量逃税的变化。在有关中国企业逃税的研究中,该方法得到了广泛运用(Cai and Liu, 2009; 李力行,马光荣,2012; 范子英,田彬彬,2013)。由于本章将使用的企业数据来自非上市的中国工业企业数据库,因此主要采用国民收入核算法来度量企业所得税逃税。根据国民核算的基本原理,企业的推算利润被表示为如下等式:

$$PRO_{it} = Y_{it} - M_{it} - F_{it} - W_{it} - D_{it} - T_{it} \tag{5-1}$$

其中,PRO 代表推算利润;Y 代表工业产出;M 代表中间投入;F 代表财务费用;W 代表工资薪金;D 代表折旧;T 代表间接税。不过,由于会计核算制度和国民收入核算之间本身就存在差异,因此推算利润并非等同于真实利润,只是两者存在高度的正相关关系。二者的关系可以表示为式(5-2):

$$\pi_{it} = \alpha_{it} + PRO_{it} + \theta_{it} \tag{5-2}$$

其中,π 表示企业的真实利润;α 表示真实利润和推算利润之间的固有差异,是由两种核算制度的差异造成的,如固定资产折旧计提差异;θ 是期望为 0 的随机扰动项。假设企业的申报会计利润是 RPRO，则申报利润和真实利润之间存在的如下关系：

$$RPRO_{it} = d_{it}\pi_{it} + e_{it} + \delta_{it} \qquad (5-3)$$

其中，d 大于 0 小于 1，反映了企业真实利润和申报利润之间的差异，也就是企业的逃税程度，d 越小真实利润和申报利润之间的差异越大，企业的逃税程度越高；e 表示截距项，是当真实利润为 0 时企业申报利润的大小，假设 $e < 0$，δ 表示随机扰动项。将式（5-2）代入式（5-3）可以得到：

$$RPRO_{it} = d_{it}PRO_{it} + d_{it}\alpha_{it} + e_{it} + \varepsilon_{it} \qquad (5-4)$$

在研究中，d_{it} 实际上是由一系列影响逃税的因素构成。以本章为例，如果最低工资标准增加了企业逃税，则其与推算利润的交互项系数为负，表明推算利润与报告利润之间的差距在拉大，反之则亦反。图 5-1 分别展示了推算利润和企业报告利润的直方分布，可以看到，相比于企业自身报告的利润，采用国民收入核算法推算得到的利润在分布上更加连续。换句话说，尽管不可避免地存在测量误差，但相比于报告利润，推算利润更加接近真实的利润分布。

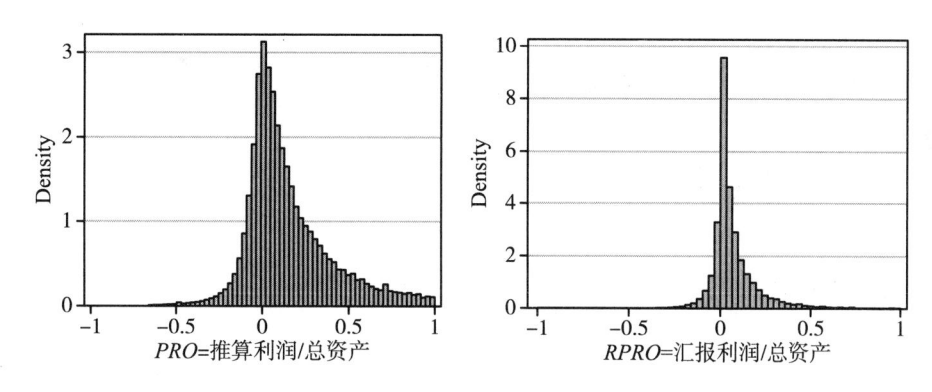

图 5-1 推算利润与报告利润柱状分布

（二）数据来源

本章所使用的数据来自两个方面。第一，微观层面的企业数据，该数据来源于由国家统计局所维护的中国工业企业数据库（1998~2007 年）。该数据库是目前国内公开使用的最大规模微观企业数据库之一，其特点是变量丰富，样本量大,且数据质量和可靠性较高。基于该数据库的研究成果见诸于国际和国内的顶级期刊,研究主题也遍布应用经济学的各个分支领域,是目前使用最为广泛应用的微观企业数据库(聂辉华等,2012)。遵循文献中的一般做法,在原始数据的基础上,对数据进行了如下处理:首先,借鉴 Brandt 等(2011)的思路,依据企业的法人代码、企业名称、电话和邮政编码等信息,将 10 年的截面数据整理为非平衡性质的面板数据;其次,删除部分明显不符合逻辑的样本,如企业的销售额并未达到规模以上,或是营业收入小于当期利润总额;再次,根据需要,还删除了缺少关键变量的样本,以及各关键变量上下各 0.5% 分位数的样本;最后,经过上述处理之后的 1998~2007 年观测值总数为 1623547 个。

第二,本章的研究还用到地级市层面的最低工资标准数据。各地区政府网站或劳动部门都会不定期公布本地区的最低工资标准,根据微观企业数据的样本年限,将对应年份的地级市最低工资标准数据手工整理出来,然后依据地区代码与企业数据进行一一匹配。当然,由于部分数据年份较为久远而无法有效获取,最终匹配成功的企业样本为 1413173 个,匹配有效率为 87%。此外,需要说明的是,对于一年之中存在多个最低工资标准的地级市,以实行月份为权重计算出该年份的最低工资标准均值。

(三) 模型与变量

在式 (5-4) 的基础上,构造如下模型来考察最低工资标准对企业逃税的影响:

$$RPRO_{ijt} = (\beta_0 + \beta_1 \ln mw_{jt} + \beta_2 \ln mw_{jt}^2 + \sum_{j=3} \beta_j X_{it}) PRO_{ijt} + \alpha_1 \ln mw_{jt} \\ + \alpha_2 \ln mw_{jt}^2 + \sum_{j=3} \alpha_j X_{it} + \mu_i + \pi_t + \varepsilon_{ijt} \tag{5-5}$$

其中,下标 i 是企业;j 是企业所在地级市;t 是年份。在 d_{it} 的部分,按照研究主题与研究假设,控制了企业所在地级市最低工资标准的对数 $\ln mw_{ijt}$ 及其平方项,其中,β_1 和 β_2 是本章核心关注的系数,在理论假说 1 的逻辑下,企业逃税随着最低工资标准的提高先增加后减少,反映在系数上则是 β_1 显著为负,β_2 显著为正。X_{it} 为本章控制的其他影响企业逃税的变量,如企业规模、企业年龄,以及贷款能力等。其中，企业规模表示为企业职工人数的对数形式，企业规模越大，越容易成为税务稽查的重点对象，其逃税成本更大，因而企业规模越大逃税越少（Zimmerman，1983；Slemrod，2007）；企业贷款能力表示为企业发生的财务费用占总资产的比重，一方面，利息具有抵税的功能，企业可以通过更多借债来降低整体的税负水平；另一方面，更多的借债和银行交易记录也增加了税收稽查的概率，因此贷款能力与企业逃税之间存在不确定的关系（Stickney and McGee，1982；Porcano，1986）；企业年龄方面，一般而言，对于新企业存在较多的税收优惠，因此预计企业年龄与逃税之间存在正向关系。此外，国民收入核算体系与会计体系之间存在一些固有的差异，这会影响到本章对于逃税的度量，因此参照 Cai 和 Liu（2009）的做法，进一步控制了反映核算差异的变量，表示为企业销售产值与总产值的比重。其他变量方面，μ_i 为企业层面固定效应，π_t 为时间趋势效应，ε_{ijt} 为残差项。

四、实证结果与解释

首先检验理论假说1。为了避免企业层面异质性对回归结果的干扰，在所有回归中，均采用了企业层面的固定效应模型。在进行回归之前，尝试从直观上了解最低工资标准与企业逃税之间的关系。在图 5-2 中，纵轴表示为企业推算利润与报告利润的差异，差异越大表示企业逃税越多。横轴则为企业所面对的最低工资标准对数形式。在采用多项式模型进行拟合的情况下，可以看到，此时利润差异随着最低工资标准的提高呈现先增后减的倒 U 形变化，这一变化在直觉上形成了对理论假说1的支持。

进一步的，在表 5-1 中报告了基于式（5-5）的回归结果，在第 1 列中，仅控制了推算利润变量，从系数来看，与理论预期的一致，推算利润与企业的报告利润之间存在显著的正向关系。理论上，如果企业不存在逃税，那么推算利润和报告利润之间的系数应该足够接近1，不过正如本章前述所说，推算利润并不能代表企业的真实利润，因此两者的绝对差异并不能作为逃税的衡量，只

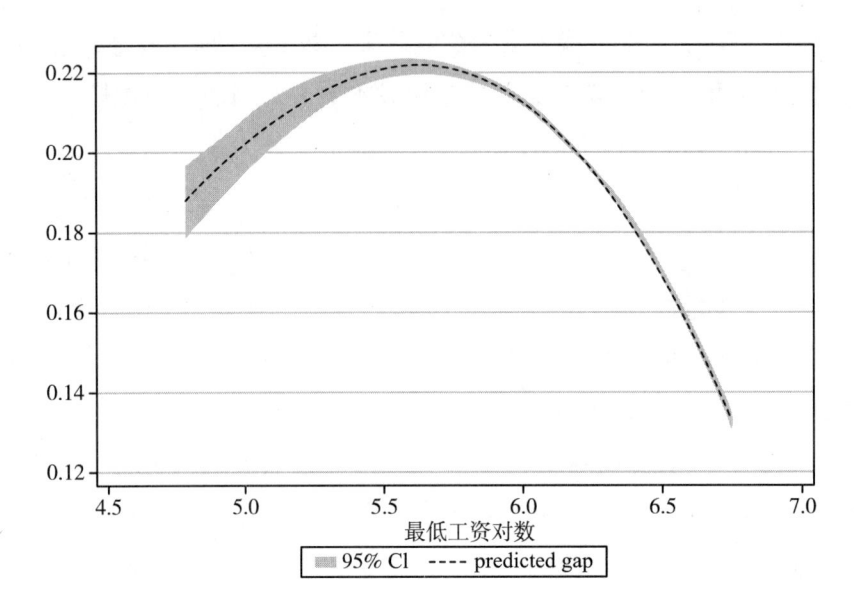

图 5-2 最低工资标准（对数）与推算—报告利润差的多项式拟合

能通过其相关系数的变化来反映其他因素对逃税的影响。从这个意义上讲，推算利润与报告利润之间存在严格的正向关系是本章后续回归的基础。在第 2 列中，进一步加入本章的核心变量，分别是最低工资标准与推算利润的交互项，以及最低工资标准平方项与推算利润的交互项[①]，从回归结果来看，此时水平交互项的系数显著为负，平方交互项的系数显著为负。这一结果与图 5-2 所展示的结论一致，表明随着最低工资标准的提高，企业报告利润与推算利润之间的差距先增加后减少，也即企业逃税与最低工资标准存在一种倒 U 形关系。在第 3～第 5 列中，是在第 2 列回归的基础上进一步控制了其他控制变量，以及时间和行业的固定效应，可以看到，尽管在控制更多固定效应后系数值存在一定的波动，但基本结论仍然稳健存在，即证实了本章的理论假说 1。

其他变量方面，与已有研究一致，企业规模的变化与逃税之间存在负相关关系，即规模越大的企业，更容易成为税收稽查的重点，因此其逃避税成本更大，逃税空间越小，在本章的度量方式下则是推算利润与报告利润的相关程度更高。同样的逻辑也体现在企业的贷款能力，尽管利息费用具有抵税的功能，但贷款越多的企业也更容易受到税务部门的关注。此外，相比于新企业，老企

---

① 按照式（5-5）的基本原理，在所有的回归中，均同时控制了解释变量的水平项及其与推算利润的交互项，但出于控制表格篇幅的目的，在表格中仅报告了交互项的系数。

业的税收遵从度也相对较高,这主要源于新企业能够获得更多的税收优惠,整体的实际税率水平较低。

表 5-1　　基本回归结果

变量名	RPRO				
	(1)	(2)	(3)	(4)	(5)
PRO	0.0872*** (0.000264)	0.0376 (0.0621)	0.0934 (0.0620)	0.128** (0.0620)	0.129** (0.0620)
PRO×最低工资		-0.065*** (0.0203)	-0.101*** (0.0203)	-0.110*** (0.0203)	-0.110*** (0.0203)
PRO×最低工资^2		0.0118*** (0.0016)	0.0144*** (0.0016)	0.0150*** (0.0016)	0.0151*** (0.0016)
PRO×企业规模			0.00283*** (0.000296)	0.00286*** (0.000296)	0.00286*** (0.000296)
PRO×核算差异			0.0383*** (0.00118)	0.0381*** (0.00118)	0.0381*** (0.00118)
PRO×贷款能力			0.0605*** (0.00342)	0.0630*** (0.00342)	0.0630*** (0.00342)
PRO×企业年龄			0.00308*** (0.000313)	0.00289*** (0.000313)	0.00289*** (0.000313)
Constant	0.0502*** (0.000106)	-1.117*** (0.0344)	-1.387*** (0.0347)	-2.049*** (0.0378)	-2.056*** (0.0384)
控制变量	N	Y	Y	Y	Y
时间固定效应	N	N	N	Y	Y
行业固定效应	N	N	N	N	Y
Observations	1413173	1410386	1410386	1410386	1410386
R-squared	0.099	0.118	0.127	0.129	0.129

注:括号内为标准误,** 和 *** 分别表示 5% 和 1% 的显著性水平。除第 1 列外,所有回归中均控制了控制变量的水平项。

进一步考虑基本结果的异质性。理论上来说,最低工资标准对企业逃税的影响受到企业逃税动机的影响,也就是说,只有企业存在一定的逃税动机,上述关系才有可能被观察到。在中国的企业中,所有制类型是导致企业逃税动机差异的一个重要来源。与私营企业、外资企业等追求利润最大化的企业不同，中国的中央企业和国有企业尽管也存在经营绩效的考核压力，但其经营目标更加多元化，承担了较多的社会责任，其中纳税额的贡献是体现其社会责任的一个重要维度。

国有企业和中央企业的逃税动机较低一方面是因为其具有多样化的经营目标，从另外一个角度看，在税收征管中，国有企业相比于民营企业具备更强的话语权，通过合法的游说活动就能获得相应的税收优惠。聂辉华等（2014）认为，在产业管制政策下，国企可以通过合法的方式影响政府相关部门的政策制定，从而使其利益得到制度化的优先保证，而不需要通过逃税的方式来获取优惠政策。

在基本回归的基础上，进一步根据企业的所有制类型进行分类回归，表5-2报告了回归结果，第1～第4列分别是地方国有企业、中央企业、私营企业和外资港澳台企业的样本。可以看到，在前两列中，无论是水平项与推算利润的交互项系数，还是平方项与推算利润的交互项系数，最低工资标准的变动与企业逃税间并不存在明显的关系，两个系数均不显著。而相对应的，从在第3列和第4列中的系数看，理论假说1所描述的关系仅存在于私营企业和外资企业中。

表5-2　　　　　　　　　区分所有制回归结果

变量名	(1) 地方国企	(2) 中央企业	(3) 私营企业	(4) 外资企业
PRO	-0.195 (0.236)	0.637*** (0.170)	0.330*** (0.108)	1.329*** (0.246)
$PRO×$最低工资	0.0198 (0.0792)	-0.017 (0.0213)	-0.168*** (0.0351)	-0.518*** (0.0800)
$PRO×$最低工资^2	0.00290 (0.00663)	0.00108 (0.00377)	0.0192*** (0.00285)	0.0492*** (0.00649)
$PRO×$企业规模	0.00274** (0.00112)	0.0032*** (0.000865)	0.00404*** (0.000502)	0.000838 (0.000950)
$PRO×$核算差异	0.0115*** (0.00214)	0.0441*** (0.00399)	0.0203*** (0.00203)	0.0907*** (0.00489)

续表

变量名	(1) 地方国企	(2) 中央企业	(3) 私营企业	(4) 外资企业
$PRO \times$ 贷款能力	0.251*** (0.0171)	-0.0209*** (0.00740)	0.0322*** (0.00548)	0.146*** (0.0145)
$PRO \times$ 企业年龄	-0.00409*** (0.00112)	0.00227** (0.000970)	0.00700*** (0.000536)	-0.0142*** (0.00139)
Constant	-0.442*** (0.0813)	-2.705*** (0.126)	-3.107*** (0.0776)	-2.300*** (0.128)
控制变量	Y	Y	Y	Y
时间固定效应	Y	Y	Y	Y
行业固定效应	Y	Y	Y	Y
Observations	105531	1161	592316	156663
R-squared	0.145	0.127	0.160	0.192

注：括号内为标准误，** 和 *** 分别表示5%和1%的显著性水平。所有回归中均控制了控制变量的水平项。

此外，除了所有制类型的维度，区域和行业的差异也是本章基本结论异质性的重要来源。首先是区域的维度，在本章的理论假说部分，成本效应、竞争效应与替代效应是本章阐述最低工资标准影响企业逃税的三个主要渠道。尽管从平均意义上说，三个效应广泛存在于各类企业，但对于不同区域的企业，不同效应的体现会存在一定的差别。例如，基于直觉的一个推断是，由于西部地区的企业效率相对较低，因此主要受到最低工资成本效应的影响，而较少受到竞争效应和替代效应的影响。在这方面，Fang 和 Lin (2013) 以及 Ni 等 (2011) 的研究发现最低工资对东部地区存在正面影响，而对西部地区则无影响。赵瑞丽等 (2016) 认为，西部地区相对于东中部地区在经济发展程度、技术、人力资本、地理位置等方面都处于劣势，最低工资上涨对企业带来的更可能是成本负担，因而最低工资对其影响没有产生积极的影响。表5-3的回归结果进一步证实了上述逻辑，可以看到，最低工资标准与企业逃税之间的倒U形关系在东部和中部地区的样本中均显著存在，但在西部地区则不明显。

表 5-3 分地区回归结果

变量名	(1) 东部	(2) 中部	(3) 西部
PRO	0.223** (0.104)	1.397*** (0.143)	0.0649 (0.251)
PRO×最低工资	-0.134*** (0.0335)	-0.544*** (0.0481)	-0.0526 (0.0843)
PRO×最低工资^2	0.0160*** (0.00269)	0.0530*** (0.00405)	0.00577 (0.00707)
PRO×企业规模	0.00148*** (0.000352)	0.00254*** (0.000687)	0.00948*** (0.000905)
PRO×核算差异	0.0684*** (0.00180)	0.0105*** (0.00215)	0.0322*** (0.00248)
PRO×贷款能力	0.102*** (0.00441)	-0.0249*** (0.00671)	0.131*** (0.0129)
PRO×企业年龄	0.00300*** (0.000394)	0.00292*** (0.000657)	0.00485*** (0.000919)
Constant	-3.250*** (0.0598)	0.684*** (0.111)	-1.309*** (0.133)
控制变量	Y	Y	Y
时间固定效应	Y	Y	Y
行业固定效应	Y	Y	Y
Observations	1017411	258231	134744
R-squared	0.137	0.150	0.155

注：括号内为标准误，** 和 *** 分别表示5%和1%的显著性水平。所有回归中均控制了控制变量的水平项。

其次，在行业层面，由于最低工资主要通过劳动力成本对企业绩效和行为施加影响，因此，劳动力要素的投入占比会构成最低工资标准差异影响的来源。相比于资本密集型企业，劳动密集型企业的劳动投入占比更高，因此最低工资标准的变化主要影响劳动密集型企业的生产成本（蒋灵多，陆毅，2017）。在表5-4中，进一步对上述逻辑进行验证。首先基于行业大类区分资本密集型和行业密集型企业，按照二分位的行业代码，选取代码区间在13~22的行业作为劳动密集型企业样本，选取代码区间在38~44的行业作为资本密集型企业样本。其中，前者主要包括食品加工制造、纺织业、木材加工、家具、造纸等行业，后者主要包括航空设备制造、电气机械、计算机通信设备、仪表仪器、金属制品等行业。回归结果如表5-4第1列和第2列所示，可以看到，交互项的系数仅在劳动密集型企业中符合预期，而在资本密集型企业则不显著。进一步的，选取两个典型行业来进一步观察行业间的异质性，分别是行业代码为18的纺织业和行业代码为43的金属制品和修理业，从表5-4的第3列和第4列回归结果来看，交互项的系数同样仅在纺织业中显著。结合表5-2的回归结果，本章的理论假说2也得到了证实。

表5-4　分行业回归结果

二分位行业：	(1) 劳动密集型	(2) 资本密集型	(3) 纺织业	(4) 金属制品业
PRO	0.426*** (0.103)	-0.511*** (0.189)	1.120*** (0.296)	-1.008 (3.631)
PRO×最低工资	-0.201*** (0.0338)	0.117* (0.0614)	-0.422*** (0.0959)	0.222 (1.160)
PRO×最低工资^2	0.0225*** (0.00276)	-0.00504 (0.00499)	0.0398*** (0.00776)	-0.00910 (0.0929)
PRO×企业规模	0.00233*** (0.000494)	-0.00138* (0.000740)	0.00908*** (0.00148)	-0.0252* (0.0136)
PRO×核算差异	0.0200*** (0.00164)	0.0663*** (0.00382)	-0.00701** (0.00284)	0.150 (0.115)
PRO×贷款能力	0.0357*** (0.00535)	0.131*** (0.0108)	0.0415** (0.0177)	-0.234** (0.104)
PRO×企业年龄	0.000912* (0.000538)	-0.00247*** (0.000902)	-0.00993*** (0.00161)	0.0200 (0.0141)

续表

二分位行业:	(1) 劳动密集型	(2) 资本密集型	(3) 纺织业	(4) 金属制品业
Constant	-2.332*** (0.0717)	-1.478*** (0.0907)	-2.981*** (0.244)	-7.041** (3.027)
控制变量	Y	Y	Y	Y
时间固定效应	Y	Y	Y	Y
行业固定效应	Y	Y	Y	Y
Observations	451458	200852	70031	11289
R-squared	0.139	0.190	0.195	0.145

注：括号内为标准误，*、**和***分别表示10%、5%和1%的显著性水平。所有回归中均控制了控制变量的水平项。

五、稳健性检验与拓展性分析

（一）稳健性检验

首先，本章的基本结论受到一些竞争性假说的挑战，例如，我们可能遗漏了某些变量，这些变量会同时影响企业逃税与最低工资标准的制定，从而使得本章所描述的关系并不存在。在我们的知识范围内，地区间征税能力的差异就具备这样的特征，一方面，征税能力较强的地区企业逃税的成本更大，逃税发生的概率或者规模会相对较小；另一方面，征税能力较强的地区往往也是经济较为发达的地区，其最低工资的标准通常会较高。因此，一个可能的结果是，本章基本结论中所描述的最低工资标准与企业逃税的关系主要是地区间征税能力的差异所带来的。为了排除这一竞争性假说，我们尝试在基本回归的基础上进一步控制企业所在地区的税收征管能力。参考范子英和田彬彬（2013）的研究，选取如下三个反映地区征税能力的指标：企业所在地税务机关的人均征税额、人均所面对的企业数。以及税务征管人员总数的对数。其中，企业所在地的税收征管人数来自各年份的《中国税务年鉴》，并需要根据企业的成立时间等条件具体到国税局与地税局层面。表 5-5 给出了控制地区征税能力之后的回归结果，在第 1～第 3 列中，分别控制了企业所在地税务机关的人均征税额、人均征管企业数以及征管人数对数。可以看到，此时最低工资标准交互项的系数仍然显著，且方向与基本回归结果保持一致，表明征税能力的差异并不构成对本章基本结论的致命威胁。此外，除第 1 列，反映征税能力的变量系数也符合预

表 5-5　　　　　　　竞争性假说：征税能力的差异

变量名	(1) 人均征税额	(2) 人均企业数	(3) 人数对数
PRO	0.128** (0.0628)	-0.809*** (0.124)	-0.852*** (0.124)
$PRO \times$ 最低工资	-0.110*** (0.0206)	-0.209*** (0.0405)	-0.156*** (0.0405)
$PRO \times$ 最低工资^2	0.0150*** (0.00169)	0.0119*** (0.00332)	0.0749** (0.00332)
$PRO \times$ 人均税额	-0.0653 (0.0635)		
$PRO \times$ 人均企业		-0.00047*** (0.000127)	
$PRO \times$ 人数对数			0.0207*** (0.00078)
Constant	-2.042*** (0.0379)	-2.630*** (0.0763)	-2.083*** (0.0799)
控制变量	Y	Y	Y
时间固定效应	Y	Y	Y
行业固定效应	Y	Y	Y
Observations	1410386	855146	854746
R-squared	0.129	0.111	0.113

注：括号内为标准误，** 和 *** 分别表示 5% 和 1% 的显著性水平。所有回归中均控制了控制变量的水平项。

期，如税务征管人员对应企业数越多，征管能力越差，此时征管能力与推算利润的交互项系数显著为负，表明企业逃税也越多；税收征管人数越多，反映征管能力越强，此时交互项的系数显著为正，表明企业逃税减少。

除了竞争性假说，本章的基本结论还可能受到指标测度的影响。首先是最低工资标准的指标，在基本回归中，直接采用最低工资标准的对数作为解释变量进行回归，但这一做法容易受到模型潜在内生性问题的困扰，同时也不能直观地体现受最低工资标准变化的影响程度（蒋灵多，陆毅，2017）。参照 Micro (2011) 以及 Draca 等（2011）的做法，重新设计最低工资的影响指标：

（当期最低工资标准 – 企业上期平均工资）/企业上期平均工资

回归结果如表 5-6 第 1 列所示，可以看到，尽管系数大小存在波动，但基本关系仍然显著存在。此外，在基本回归中采用国民收入核算法度量企业的逃税，尽管相对于传统方法，该方法的设计更为科学，但可以看出，该方法依赖于企业报告工业产出的真实程度。换句话说，如果企业像低报销售收入一样低报工业产出，那么依据该方法所推算的利润就存在严重测量误差，并构成内生性的一个主要来源（Wooldridge, 2002）。为此，在表 5-6 的第 2 个回归中，以企业实际税负作为因变量，不过为了剔除企业低报工业产出的影响，以企业应缴所得税对总资产进行标准化来表示实际税负，回归结果表明最低工资标准与企业逃税之间的倒 U 形关系仍然显著存在，表明变量的测量误差并没有影响基本结论的成立。

表 5-6 稳健性检验：指标设定

变量名	(1)	(2)
	RPRO	实际税率
PRO	-0.00334	
	(0.00242)	
PRO × 最低工资	-0.000576***	-0.0379**
	(0.000124)	(0.0175)
PRO × 最低工资^2	4.44e-07***	0.00397***
	(1.67e-07)	(0.00147)
PRO × 企业规模	0.00382***	0.00637***
	(0.000367)	(0.000388)

续表

变量名	(1)	(2)
	RPRO	实际税率
PRO×核算差异	0.0368*** (0.00151)	-0.000681 (0.000470)
PRO×贷款能力	0.0521*** (0.00424)	0.0137*** (0.000431)
PRO×企业年龄	0.0126*** (0.000419)	-0.00662 (0.00619)
Constant	-0.0227*** (0.00207)	0.149*** (0.0523)
控制变量	Y	—
时间固定效应	Y	Y
行业固定效应	Y	Y
Observations	965906	1360619
R-squared	0.198	0.082

注：括号内为标准误，**和***分别表示5%和1%的显著性水平。所有回归中均控制了控制变量的水平项。

（二）拓展性分析

宏观的作用机制应该在企业行为和相关财务指标上有所体现。在解释最低工资标准对企业逃税的影响时，本章提出三个效应：成本效应、竞争效应和替代效应。如果上述三个效应对企业逃税的解释是合理的，那么也会体现在具体的企业行为和财务指标上。在表5-7中，设置了5个不同的指标来反映上述三个效应：总工资的对数反映成本效应，行业竞争的赫芬达尔指数以及边际利润反映竞争效应，资本密集度和劳均资本反映替代效应。分别考察最低工资标准变化对上述5个指标的影响。从回归结果来看，成本效应方面，随着最低工资标准的提高，企业支付的总工资也在增加，表明最低工资标准的上升的确增加了企业整体的用工成本。与此同时，第2列和第3列的结果显示，行业整体竞争程度在下降，行业集中度在增加，这带来了存量企业边际利润的上升，表明竞争效应会增强存量企业的盈利能力。最后,从替代效应的角度,随着最低工资标准的持续提高,第4列和第5列的结果显示,企业的资本密集度在提升,同时单位劳动所对应的资本也在增加,表明资本对劳动的替代是企业应对最低工资上涨的重要手段。

表 5-7　　　　　　　　拓展性分析:影响渠道的检验

变量名	(1) 总工资对数	(2) 边际利润	(3) HHI	(4) 资本密集度	(5) 劳均资本
最低工资	0.0509*** (0.00565)	0.00445*** (0.000107)	0.0192*** (0.00505)	0.00815*** (0.00142)	10.71*** (1.199)
Constant	6.576*** (0.0330)	0.0102*** (0.000628)	6.140*** (0.0295)	0.312*** (0.00832)	12.54* (7.019)
控制变量	Y	Y	Y	Y	Y
时间固定效应	Y	Y	Y	Y	Y
行业固定效应	Y	Y	Y	Y	Y
Observations	1414175	1415776	1415776	1415776	1415776
R-squared	0.211	0.145	0.236	0.208	0.378

注:括号内为标准误,*和***分别表示10%和1%的显著性水平。所有回归中均控制了其他控制变量。

六、结论与政策建议

理论上,最低工资标准的提高会通过成本效应、竞争效应和替代效应三个维度影响企业的逃税激励。其中,成本效应会增加企业的逃税激励,而竞争效应和替代效应则会降低企业的逃税激励。基于1998~2007年的中国工业企业微观数据,结合地市级层面最低工资标准数据,本章在经验上考察了最低工资标准的变化对企业逃税的影响。研究发现,在上述三个效应的综合作用下,随着最低工资标准的提高,企业逃税呈现出先增后减的倒U形变化趋势。进一步的,上述结论主要存在于逃税动机较强的私营企业和外资企业、生产效率较高的东中部地区企业，以及劳动投入占比较高的劳动密集型企业中，而在国有企业、西部地区企业和资本密集型企业中则不明显。在排除了竞争性假说，并对核心指标进行了稳健性检验之后，上述结论依然显著成立。

  本章的研究为充分而全面理解最低工资制度的政策效应提供了有益启示。与此同时，本章所衍生的政策含义也是丰富的。首先，多部门的政策联动是我国深化行政体制改革的重要方向，从本章的研究来看，最低工资标准的提高在强化对于劳动者保护的同时，还可能通过成本效应的方式影响企业的税收遵从程度，因此，为了最大限度地避免最低工资制度的负面效应外溢，最低工资标准的制定部门应加强与其他部门，如税收部门的政策沟通。其次，在政策取向上，尽管最低工资标准的持续提高能通过替代效应和竞争效应改善企业的税收遵从，但却会在一定程度上减少企业的雇用人员规模，降低就业水平，进而与最低工资制度保护劳动者权益的政策初衷相违背，因此，政策机构应根据宏观经济发展的阶段与总体目标合理平衡最低工资制度的积极效应和负面效应。

第六章
税收道德影响了中国企业避税吗？
——来自世界价值观调查（WVS）的经验证据*

---
* 发表于《税务研究》，2017年第10期。

一、引　言

　　税收具有非直接偿还性，对于单个纳税人而言，这种非直接偿还性主要体现在纳税人在减少自身可支配收入的同时，很难感觉到来自税收的补偿效应，其结果是避税行为的普遍发生。自税收产生以来，避税就是一个全球性的问题，不管是发达国家还是发展中国家都深受其困扰。根据税基侵蚀与利润转移（BEPS）一揽子行动计划的估计，全球每年源自企业所得税的避税额度接近2500亿美元。而根据Mathiason（2008）的测算，在世界上最穷的国家中，每年由于各税种避税所带来的税收收入损失额接近9000亿美元。中国的避税问题同样存在，来自国家税务总局2013年对176797户纳税人进行了税务检查的证据表明，存在逃避缴纳税款的纳税户数达到170510户，占比高达96.44%，稽查查补的税款则达到481亿元。

　　早在1972年，Allingham和Sandmo就基于预期效用最大化模型讨论了纳税人的最优避税行为，以及政府减少避税可能的政策选项。在他们的模型中，政府的税收稽查概率以及对于避税的处罚力度是影响避税的两个主要因素，提升稽查力度或者加大处罚力度都可以在一定程度上抑制纳税人的避税行为。后续的许多研究也从不同角度对A-S模型进行了调整、扩展和深入，以图不断增强其解释力（Yitzhaki，1974；Pencavel，1979；Cowell，1981；Sandmo，1981）。不过，尽管在理论上对避税进行了较为合理的解释，但基于A-S模型的相关研究却缺乏对于现实的解释力，一个明显的事实是，尽管很多国家的税收稽查力度和对于避税的处罚力度不断提高，但对于避税治理的边际改善却并不显著（Fery and Feld，2002）。而与此同时，稽查力度的提高还带来了征税成本的急剧增加，这事实上在一定程度上限制了对于避税的治理措施（World Bank，2006；Kleven，2011）。

　　众多研究于是转向从文化和心理学层面寻求对于避税的进一步解释及相应的政策思路，其中，税收道德被认为是传统模型"理性经济人"之外影响纳税人避税的一个重要因素。Pyle（1991）和 Gordon（1989）认为，传统 A-S 模型中的无道德、绝对理性的假设条件是造成其缺乏现实解释力的重要原因，在现实中，纳税人纳税决策不纯粹是追求利益最大化，还包括一些道德、社会成分。在后续的一系列研究中，税收道德被定义为是纳税人诚实纳税的内在意愿，反映的是纳税人在没有外在惩罚措施的情况下仍选择诚实纳税的动机（Frey，1997；Kornhauser，2007）。从税收道德的角度而言，避税在带来潜在收益的同时，还会通过"内疚"或"耻辱"的方式降低纳税人的自避税的效应，这在一定程度上又会对避税起到抑制作用（Benjamini and Maital，1985；Erard and Feinstein，1994）。不过，与有关税收道德的理论研究不同，由于实践中缺乏对于税收道德的度量，有关其影响个体或企业避税的经验研究一直较为缺乏，为数不多的实证研究也大多聚焦于发达国家的社会实践，很少有来自发展中国家尤其是亚洲国家的经验证据。事实上，亚洲国家在文化体制与社会规范方面与西方社会存在系统性的差异，而这种差异有可能孕育出不同的税收道德文化。

基于世界价值观调查（WVS）和中国工业企业的匹配数据，在分别对地区税收道德水平和企业避税进行合理测度的前提下，本章从实证上考察了税收道德对于中国企业避税的影响，尝试弥补现有文献的不足。研究发现，区域税收道德水平与辖区内企业避税呈现显著的负相关关系，税收道德水平越高，企业的避税规模越小。进一步的，由于国有企业和集体企业避税动机较弱，我们发现税收道德抑制避税的作用主要存在于私营企业和外资企业中。在采用工具变量回归、更换避税指标以及增加控制变量的情况下，上述结论仍然非常稳健。

本章主要在两个方面区别于已有的研究：首先是增加来自亚洲国家税收道德影响避税的经验证据，对现有文献形成有益的补充。如前文所述，已有关于税收道德的讨论文献主要聚焦于欧美发达国家，而鲜有来自亚洲国家的经验证据（Torgler，2007）。其次是从微观层面探讨税收道德对于企业税收遵从行为的影响，区别于以往主要从宏观上讨论税收道德与一国地下经济规模之间关系的研究（Alm and Torgler，2006；Barone and Mocetti，2009），从而能够更准确地刻画税收道德影响企业避税的机制。

二、文献回顾

个体的价值判断和社会规范的软约束是税收道德的两个重要组成部分。西方学者主要通过两种理论来解释个体价值观是如何影响纳税行为的。第一种解释建立在利他主义的分析框架之下，认为纳税人不单纯追求自身福利的最大化，还会关心整个社会的福利水平，避税行为会缩减公共福利的财力来源，导致公共福利受损，因此有道德的纳税人会自觉纳税（Chung，1976）。另一种解释利用了康德的道德框架，个体认为自己的避税行为对他人而言是不公平的，因此会受道德的驱使而纳税（Laffont，1975）。

社会规范是指被群体中的个体普遍接受的行为规范或准则（Cialdini and Trost，1998）。学者们普遍采用马斯洛需求理论来解释社会规范对个体纳税决策的影响。马斯洛需求理论将人的需求分为五个层次，为了满足自身的尊重需求，个体会关注他人对自己的道德评价，为此社会规范会影响纳税人最终的行为选择。Porcano 和 Price（1996）的调查研究发现社会规范的示范效应和交互效应确实会影响纳税人的纳税决策。如果将纳税人的避税行为进行公示，避税行为就会得到一定程度的遏制。但是 Fisman 和 Miguel（2007）提出社会规范确实影响了个体的非法行为，但是社会规范这种非经济因素对企业行为的影响程度还是一个开放性的问题。一方面，社会规范可能通过影响企业控制人来影响企业的行为。另一方面，企业的行为目标是追求利润的最大化，企业很可能只对制度性激励有反应。DeBacker 和 Heim（2012）发现美国境内的外资企业面临的经济激励相同但是所处的社会文化却不同，这为社会规范研究提供了很好的自然实验条件。该研究得出企业来源国对腐败的容忍度越高，企业的避税数额就越大，并且文化规范对企业行为的这种影响程度随着企业规模的扩大而降低。

Benjamini 和 Maital（1985）首次将税收道德以道德成本的形式纳入预期效用模型中。Erard 和 Feinstein（1994）在其基础上进一步发展，将避税所产生的道德负效应在"内疚感"和"公共耻辱感"之间进行了具体的区分，而后学者们等大多都沿着这一思路展开进一步的研究。如果避税的纳税人躲过了税务机关的稽查，那么他会产生焦虑、内疚、不安等一系列的情绪，这种有损其自我评价的行为会导致纳税道德成本的提高，降低纳税人的整体效用；而那些未能逃脱的纳税人不仅要承受经济上的处罚，承受心理上的压力，还会因为担心公众的舆论指责而产生羞耻感，导致其社会声誉成本提高。因此，在不改变纳税人的避税收益的情况下，相较于传统模型而言，考虑纳税人心理因素后的避税边际成本有所增加。这一理论模型经过 Spicer（1986）、Gordon（1989）、Myles 和 Naylor（1996）等的发展，不断完善。Gordon 对该模型进行了修正，将道德成本由恒定变量改为与避税额呈正向变动、与避税者比例呈反向变动的动态变量。模型的比较静态分析结果表明，单位心理成本越大，避税程度越低；群体中的避税者所占的比例越大，纳税人避税越多。Myles 和 Naylor（1996）认为 Gordon 构造的模型存在瑕疵，因其不能解释为什么心理成本取决于避税的规模。

相较于理论研究，早期的微观实证研究较为缺乏。Bosco 和 Mittone（1997）、Torgler（2007）利用模拟实验数据与调查问卷相结合的方法，证明了避税规模和税收道德之间的负相关关系。Cummings（2009）设计了一个不同的人工模拟实验，其结果表明来自南非和博瓷瓦纳两国的参与者在避税行为选择上确实存在差异，并且该种差异是由税收道德造成的。但是，在模拟实验中参与者可能做出与实际情况不同的决定，因此部分学者以其缺乏足够的可信度而转用其他分析方法。Frey 和 Weck（1983）选用"地下经济规模"这一指标作为衡量纳税人避税规模，把税收道德作为外生残差而不是一个独立变量进行相关性分析，得出税收道德和地下经济规模之间存在负相关关系。

此后，随着世界价值观调查等全球性的价值观调查数据的开放，税收道德的数据更加可信且容易获得，致使在此后的一段时间里有关税收道德的实证研究大量涌出。这其中大多围绕着区域间税收道德的横向比较，及其税收道德和地下经济规模关系的实证检验。例如，Torgler 和 Schneider（2007）基于瑞士、比利时、西班牙的数据，通过构建回归模型，证实了税收道德和地下经济规模之间的反向关系，一国公民的税收道德水平越高地下经济的规模越小；Alm，Martinez - Vazquez 和 Torgler（2006）基于转型国家的数据，Torgler（2005b）基于拉丁美洲的数据，Alm 和 Torgler（2006）基于美国和欧洲的数据，以及 Barone 和 Mocetti（2009）基于意大利的数据都得出了相同的结论。不过，这些研究的一个问题在于,关于税收道德与地下经济规模之间关系描述性的证据并不一定能证明二者之间存在因果关系。首先,一些干扰因子可能是二者负向关系的原始驱动力,如税务系统的行政效率;其次,二者还可能存在反向因果关系(Halla,2012;Torgler et al.,2007)。此外,用地下经济规模来衡量地区的避税水平也存在一定的风险,在很多国家,经济和社会制度的不健全是地下经济蓬勃发展的重要原因,因此并不能直接反映人们的避税意愿(Torgler and Schneider,2009)。

在 Dulleck 和 Fooken(2016)的研究中,从一个全新的角度入手,将实验者的生理学表现与避税行为联系起来,通过记录参与者在纳税决策的过程中心率变异性(HRV)的变化,证明了 Erard 和 Feinstein(1994)等学者提出的心理成本模型。他们的调查研究表明纳税人做决策时承受的纳税心理压力越高,遵从度就越高,这种预期的心理成本可以看作是一种强大的遵从强制机制。从理论上说是税收道德影响避税的最新证据,不过我们仍然需要从经验的角度提供更为全面的证据。

三、研究设计

(一)税收道德的衡量

税收道德衡量的是微观个体纳税的内在动机,也不便直接测度。西方学者普遍使用世界价值观调查(WVS)中公众对于避税行为的判断作为税收道德的代理变量,本章也效仿了这一做法。WVS 中和税收道德密切相关的问题是"您认为避税行为可接受的程度是多少[①]",受访者可以在 1~10 选择自己对避税行

---

① 英文原文为:Please tell me whether you think cheating on taxes if you have a chance can always be justified, never be justified, or something in between?

为的认可程度①。1 代表完全不能接受，10 代表完全可以接受，2~9 代表介于二者之间，程度有所不同。公众对避税的容忍度越高，给出的分值就会越高，税收道德水平就越低。已有文献在该调查结果的基础上构建的指标主要有两种：一是受访者的评分均值，分值从低到高所代表的税收道德水平逐渐降低；二是认为"避税完全不能被接受"的个体在所有受访者中所占的比重，该比重越高税收道德水平越高。本章选用第二种方法来构建中国各省的税收道德指标。具体而言，是以世界价值观调查中国各地区的受访人数作为基础，采用认为"避税完全不能被接受"的个体在所有受访者中所占的比重作为该地区的税收道德水平衡量。用这种简明的单一指标来衡量民众的税收道德水平可以避免构建复杂指标所带来相关性问题。另外，因为公众价值观问卷并不是一项专门针对税收问题的调查，所以参与者不会对避税这一敏感问题产生很大的防备心理，较容易表达出内心的真实想法。

（二）企业避税的测度

避税行为具有隐蔽性，直接测度较为困难，相关研究都是采用间接的方法来度量企业避税规模的。学者们采用的度量方法也不尽相同，其中常用的方法主要有两个。一是实际税率法，实际税率是指企业实际缴纳的税收与税前收入的比值，该比值越大企业避税越少；二是通过测度账面利润与应税所得之差（Desai，2005），应税所得是企业缴纳所得税的基数，面向的是税务机关，而账面利润是企业的会计利润，面向的是企业股东，具有较高的真实性，两者之间的差距反映了企业的隐瞒收入或虚增费用的程度。然而，第一种方法忽略了行业差别、税收优惠等因素的影响，可信度较低。而第二种方法又因为非上市企业没有义务向公众披露真实的账面利润，只能获取上市公司的相关数据。以上两种方法都存在自身的局限性。

Cai 和 Liu（2009）从国民收入的核算方法中得到启发，用与之类似的方法计算出非上市公司账面利润的替代指标——推算利润。后来，马光荣和李立行

---

① 详见 http：//www.worldvaluessurvey.org。

(2012) 也引用了该方法来衡量企业的避税程度。根据净利润等于总产出减中间投入的原理，Cai 和 Liu（2009）得出的推算利润公式如下：

$$推算利润 = 工业增加值 - 利息 - 劳动者报酬 - 折旧 - 间接税$$

用 PRO 代表推算利润；Y 代表工业产出；M 代表中间投入；F 代表财务费用；W 代表工资薪金；D 代表折旧；T 代表间接税，代入利润公式得到：

$$PRO_{it} = Y_{it} - M_{it} - F_{it} - W_{it} - D_{it} - T_{it} \quad (6-1)$$

但是会计核算制度和国民收入核算之间本身就存在差异，推算利润并非等同于真实利润，只是两者存在高度的正相关关系。二者的关系可以表示为：

$$\pi_{it} = \alpha_{it} + PRO_{it} + \theta_{it} \quad (6-2)$$

其中，π 表示的企业的真实利润；α 表示真实利润和推算利润之间的固有差异，是由两种核算制度的差异造成的，如固定资产折旧计提差异；θ 是期望为 0 的随机扰动项。假设企业的申报利润是 RPRO，则申报利润和真实利润之间存在如下关系：

$$RPRO_{it} = d_{it}\pi_{it} + e_{it} + \delta_{it} \quad (6-3)$$

其中，d 大于 0 小于 1，反映了企业真实利润和申报利润之间的差异，也就是企业的避税程度，d 越小真实利润和申报利润之间的差异越大，企业的避税程度越高；e 表示截距项，是当真实利润为 0 时企业申报利润的大小，假设 $e < 0$，δ 表示随机扰动项。将式（6-2）代入式（6-1）可以得到：

$$RPRO_{it} = d_{it}PRO_{it} + d_{it}\alpha_{it} + e_{it} + \varepsilon_{it} \quad (6-4)$$

从理论上讲，如果税收道德和企业避税程度之间呈负相关关系，即一个地区的公民税收道德水平越高，相应的企业避税越少，从而申报利润与推算利润之间的差距也越小，d 值也就越大。需要说明的是，由于我们衡量的是申报利润偏离真实利润的程度，和所缴纳的所得税无关，所以该种测度避税的方法不会受到税收优惠和税收减免的影响。

（三）数据来源

本章的税收道德数据来自世界价值观调查（WVS）。世界价值观调查项目是一个全球范围的价值观、态度调查项目，涉及的范围很广，主要以面对面的形式对来自调查国家不同行政区域的微观个体进行问卷调查①。WVS 在各国的主持机构都较为权威，比如中国的数据就是由北京大学中国国情研究中心负责收集的。他们采用了多层 PPS 抽样，通过一系列措施的严格把控，保证了数据质量的可靠性。正是因为这种可靠性和广泛性，WVS 成为很多经济学、社会学研究的重要数据来源之一。至今，WVS 已经进行了 6 次了，除第一次以外中国均有参与，分别是在 1990 年、1995 年、2001 年、2007 年和 2012 年。因可获取的工业企业数据区间是 1998~2009 年，为了保证两组数据的有效重合，本章选取 2001 年和 2007 年的 WVS 数据和工业企业数据作为本章的数据来源。2001 年 WVS 在中国的样本容量是 1385 份，涵盖了中国大陆地区 23 个省份②，最终收回调查问卷 1000 份，去掉问题缺失个体后，实际有效问卷为 985 份。2007 年的样本容量为 2873 份，同样覆盖 23 个省份，最终收回问卷 1991 份，有效数据为 1762 份。

本章企业层面的数据来自 1998~2009 年的中国制造业企业数据库。该数据库的数据由中国统计局开发和维护，具有样本数量大、指标丰富的特点。其样本覆盖了全部国有工业企业以及主营业务收入在 500 万元以上的非国有工业企业，覆盖企业的工业增加值占全国工业 GDP 的 85% 以上（谢千里等，2008）。

为了降低统计失误产生的不良影响，我们对原始数据进行一些必要的处理。首先，删除缺少必要信息如申报利润、工业产出、各类中间投入数值、规模大小、成立时间等的观察值；其次，删除明显不合理的观察值，如工业产值为负，固定资产累计折旧小于当期计提折旧，报告利润大于推算利润的观察值，此外，考虑到西藏、新疆等地区的数据质量较差，本章选择将该省份的数据删除；最后，为了保证数据的有效性，删除关键变量值在上下各 0.5% 分位数内的样本。

---

① 该调查覆盖的国家近 100 个，每个国家的受访者不少于 1000 人。
② 包括如下省份：北京、河北、山西、辽宁、黑龙江、上海、江苏、浙江、安徽、福建、江西、山东、河南、湖北、湖南、广东、广西、海南、贵州、云南、陕西、宁夏以及新疆。

(四) 模型与变量

在式 (6-4) 的基础上，设定如下模型来考察税收道德对于企业避税的影响。

$$RPRO_{it} = \left(\beta_0 + \beta_1 Moral_{pt} + \sum_{j=2}\beta_j X_{it}^j + \sum_{p=province}\beta_p D^{province} + \sum_{\gamma=year}\beta_\gamma D^{year}\right) PRO_{it}$$
$$+ \alpha_1 Moral_{pt} + \sum_{j=2}\alpha_j X_{it}^j + \sum_{p=province}\alpha_p D^{province} + \sum_{\gamma=year}\beta_\gamma D^{year} + u_i + \sigma_{it}$$

$$(6-5)$$

其中，$Moral$ 是模型的解释变量，衡量的是企业所在地区的公民税收道德水平。本章以 WVS 中统计的选择"避税完全不能被接受"的个体在所有受访者中所占的比重作为 $Moral$ 的数值，$Moral$ 的数值越高，地区的税收道德水平越高，$Moral$ 的数值越低，税收道德水平越低。

我国各省份虽同处华夏大地，但因为人口结构、经济发达程度、道德发展水平、官民关系等方面存在差异，税收道德水平也不尽相同。以 WVS 第五次数据（2007 年）为例，在被调查的 23 个省份中，山东省和浙江省的税收道德水平较高，该代理变量的数值在 80% ~ 90%，而在税收道德水平较低的新疆维吾尔自治区该代理变量的数值只有 47%，相差近 40%，由此可见，各省份的 $Moral$ 数值存有明显的差异，而这些差异也构成了本章识别税收道德影响企业避税的基础。

除税收道德外，其他的一些因素也会对企业的避税决策产生影响。本章选择了几个较为重要的因素作为控制变量，从而有利于实证结果的说明。五个控制变量分别是企业规模、企业的贷款能力、企业的成立时间、企业承担的税负以及真实利润和推算利润，因为核算方法不同而存在的固有差异，这些控制变量都会在不同程度上影响企业的避税规模。企业规模对避税的影响可能是两个方面的：第一方面，正如 Slemrod（2007）所言，企业的规模越大越容易成为税务机关的重点稽查对象，稽查概率的增加会降低企业的避税规模；第二方面，规模较大的企业有足够的经济能力去贿赂税务机关或者聘用专业人员进行合法的避税规划。结合我国的纳税现状，第二方面的影响可能更明显。本章用企业的雇员数取自然对数来测度企业的规模。企业成立时间的长短也会影响其避税行为，首先企业成立的时间越长企业被稽查的可能性就越大；其次国家或地区为了实现其经济目标常常会给予部分新成立的企业一定的税收减免，这就减小了新企业的避税动机。因此，企业的年龄对避税规模的影响方向也是不确定的。本模型以企业成立时间的自然对数作为衡量企业年龄的指标。企业贷款能力的高低也是本章考虑的一个重要因素，企业的避税行为一旦被发现，信誉就会受损，影响贷款能力，因此贷款额较高的企业避税成本较高，避税行为较少。另外，金融机构对贷款企业的会计核算水平要求较高，这也在一定程度上降低了企业避税的可能性，本章用财务费用与总资产的比值来度量企业的贷款能力。$Yitzhaki$ 在 A-S 模型的基础之上建立的修正模型说明实际税率也是影响企业避税的重要因素之一，税率高的企业从避税行为中获取的经济利益大，避税情况也就更严重，本章用企业实际缴纳的所得税与会计利润之比来度量实际税率。还控制了真实利润和推算利润的核算差，该变量用销售收入与工业产值的比值来衡量。销售收入与会计核算有关，工业产值与推算利润有关，两者的比值越大，会计利润和推算利润存在的系统差值就越大，因此本章通过控制该变量来减小这类误差。主要变量的描述性统计如表 6-1 所示。

表 6-1　　　　　　　　　　主要变量描述性统计

变量名	观测值	均值	标准误	最小值	最大值
报告利润	319699	0.0698	0.1751	-1.2479	15.0931
推算利润	319699	0.2492	0.5128	-0.6609	4.5243
税收道德	319699	1.7958	0.4953	1.0918	3.2245
企业规模	319699	4.9141	0.9325	3.401197	7.9885
核算差异	319699	0.9781	0.4712	0.0062	6.1875
贷款能力	319699	0.01699	0.0337	-0.4149	10.5
企业年龄	319699	2.057	0.9047	1	4.4325
实际税负	319699	0.1058	0.0075	-0.32	0.87

本章最关注的变量是 β_1，即 $Moral_{pt}$ 与 PRO 交互项的系数，如果该系数显著大于 0，则说明在税收道德水平较高的地区，企业的申报利润和推算利润之间的差距更小，避税程度更低。

四、实证分析

(一) 基本回归结果

回归结果如表 6-2 所示。其中回归 (1) 是只以税收道德作为自变量进行回归的结果,回归 (2)、回归 (3) 与回归 (4) 分别在前一回归的基础上加入了控制变量、时间虚拟变量和省份虚拟变量。

表 6-2　　　　　　　　　　基本回归结果

变量名	回归 (1)	回归 (2)	回归 (3)	回归 (4)
税收道德 × PRO	0.0575 *** (0.00231)	0.0586 *** (0.00237)	0.0584 *** (0.00236)	0.0584 *** (0.00236)
企业规模 × PRO		-0.0121 *** (0.00143)	-0.0124 *** (0.00143)	-0.0124 *** (0.00143)
核算差异 × PRO		0.106 *** (0.00810)	0.105 *** (0.00810)	0.105 *** (0.00810)
贷款能力 × PRO		0.272 *** (0.0155)	0.271 *** (0.0155)	0.271 *** (0.0155)
企业年龄 × PRO		0.0236 *** (0.00157)	0.0234 *** (0.00157)	0.0234 *** (0.00157)
税负水平 × PRO		-0.000363 (0.00108)	-0.000372 (0.00108)	-0.000372 (0.00108)
常数项 × PRO	-0.0207 *** (0.00229)	-0.0921 *** (0.00636)	-0.0856 *** (0.00649)	-0.0906 *** (0.0276)
年份虚拟变量	N	N	Y	Y
地区虚拟变量	N	N	N	Y
R-squared	0.229	0.254	0.254	0.254
观察值	319699	319699	319699	319699

注:括号内为标准误,*** 表示 1% 显著性水平。出于精简篇幅的目的,没有报告控制变量水平项的系数(下同)。

在回归（1）中，R-squared 为 0.229，这表示税收道德能解释 22.9% 的申报与推算差，加入企业规模等控制变量后，回归（2）的 R-squared 上升为 25.4%，拟合度有所加强，这表明我们选取的控制变量有效地提高了模型的解释力度。根据模型原理可知，本章关注的重点是税收道德与推算利润交互项系数的正负以及显著与否。从回归（1）到回归（4），税收道德与推算利润交互项的系数均在 1% 的显著性水平上显著为正，这就初步验证了我们的理论推断，税收道德会显著地影响企业的避税规模。地区内公民对避税的容忍程度越低，税收道德水平越高，企业的避税规模就越小。

此外，对控制变量的回归结果也一直比较稳健，除税负高低对避税程度的影响不显著外，其他控制变量的交互项系数均在 1% 的显著性水平上显著。回归结果显示，企业规模与推算利润的交互项系数显著为负，说明企业规模越大，避税越多；企业成立时间与推算利润的交互项系数显著为负，说明企业成立时间越长，避税越多；贷款能力与推算利润的交互项系数显著为正，说明企业贷款能力越强，避税越少，这与本章先前的推断相符；税负对避税程度的影响不显著。

本章的基本逻辑是税收道德水平是影响企业避税的重要因素，辖区内居民税收道德水平越高，会带来企业避税水平的降低。换言之，税收道德能够影响企业避税的前提是企业自身存在强烈的避税动机，如果企业自身缺乏避税激励，那么税收道德水平的变化也将无法影响企业的纳税决策。在中国的企业类型中，国有企业和集体所有制企业的税后红利归国家所有，决策者在没有经济激励的情况下避税的动机小，选择诚实纳税的可能性更高。相对应的，私营企业和外资企业则具备完整的避税动机。因此，基于上述制度背景，一个合理的推测是，不同所有制企业的避税决策受税收道德水平变化的影响是不一样的，预计国有企业和集体企业的反应较弱，而私营企业和外资企业的反应较强。表 6-3 的回归结果证实了我们的想法。将企业按照性质划分为国有企业、集体企业、私营企业、外资企业和港澳台企业，分别进行回归。可以看到，在国有企业与集体企业中，税收道德与推算利润交互项的系数不显著，其申报利润与推算利润差不受税收道德的影响，控制变量中核算制度的固有差异是引起申报与推算差最重要的原因。相反，私营企业、外资企业和港澳台企业的税收道德与推算利润交互项系数在 1% 的显著性水平下仍然显著为正，其中港澳台企业的避税规模受税收道德的影响最大,进一步说明企业避税动机是其是否受到地区税收道德水平影响的重要前提。

表 6-3　　　　　　　　　区分所有制的回归结果

变量	(1) 国企	(2) 集体	(3) 私营	(4) 外资	(5) 港澳台
税收道德 × PRO	0.0419 (0.031)	0.0384 (0.0692)	0.0218*** (0.00550)	0.0371*** (0.00942)	0.0398*** (0.00811)
企业规模 × PRO	-0.0250*** (0.00522)	-0.0116*** (0.00429)	-0.000353 (0.00322)	-0.0185*** (0.00576)	-0.0170*** (0.00437)
核算差异 × PRO	0.133*** (0.0311)	0.303*** (0.0318)	0.0959*** (0.0208)	-0.0274 (0.0173)	0.136*** (0.0248)
贷款能力 × PRO	0.0367 (0.0966)	0.122*** (0.0408)	0.249*** (0.0268)	0.346*** (0.0671)	0.582*** (0.165)
企业年龄 × PRO	0.000804 (0.00661)	0.0212*** (0.00611)	0.0471*** (0.00338)	-0.0198*** (0.00758)	0.0578*** (0.00697)
税负水平 × PRO	-0.00509 (0.00797)	0.00354 (0.00646)	-0.00934 (0.00605)	0.00888 (0.00871)	-0.0288* (0.0161)
常数项 × PRO	-0.0825*** (0.0209)	-0.126*** (0.0268)	-0.113*** (0.0167)	-0.110*** (0.0213)	-0.0980*** (0.0173)
年份虚拟	Y	Y	Y	Y	Y
地区虚拟	Y	Y	Y	Y	Y
R-squared	0.116	0.336	0.319	0.190	0.154
观察值	22740	40973	150277	32011	35352

注:括号内为标准误,*、** 和 *** 分别表示 10%、5% 和 1% 的显著性水平。出于精简篇幅的目的,没有报告控制变量水平项的系数(下同)。

(二) 稳健性检验

本章的基本回归结果证实了税收道德水平对企业的避税规模的显著负面影响。不过,这一结果仍受到内生性问题的冲击,如是否遗漏了重要的解释变量,而这些变量同时影响了地区的税收道德水平和企业避税规模。事实上，一系列的研究将焦点聚焦于影响税收道德的因素，如 Martinez 和 Torgler（2005）利用西班牙的数据得出税收道德对性别有较高的敏感度。Alm 和 Torgler（2006）利用美国与西班牙的数据进行了实证分析，提出已婚人士比单身的税收道德水平要高。不过，上述因素不受人为控制，因而难以作为政策建议的切入点。值得注意的是，地区的教育水平是一个更为明显的同时影响地区税收道德和企业避税的因素（Torgler，2006），教育水平越高，民众的整体素质和道德水平也越高，从而衍生出较高的税收道德水平和较低的企业避税规模。为了避免重要解释变量的遗漏威胁本章的基本结论，进一步整理出地区的教育水平变量，并在回归中进行控制。以各地区高中及以上学历人口占本地区人口的比重作为反映地区教育水平的变量，回归结果如表 6-4 所示，可以看到，在控制了地区教育水平之后，税收道德与推算利润的交互项系数仍然显著为正，但系数绝对值有所下降，同时，地区教育水平与推算利润的交互项系数也显著为正。上述结果表明教育水平的确构成了税收道德的部分来源，会在一定程度上造成本章基本回归系数的高估，但税收道德作为一个文化和制度的综合性因素，自身仍然独立的影响了地区的企业避税规模。

表 6-4　　　　　　　稳健性检验一：控制教育水平

变量名称	回归（1）	回归（2）	回归（3）	回归（4）
税收道德 × PRO	0.0514*** (0.00196)	0.0423*** (0.00113)	0.0421*** (0.00118)	0.0409*** (0.00147)
教育水平 × PRO	0.012*** (0.0037)	0.0105*** (0.00314)	0.0101*** (0.00312)	0.0107*** (0.00312)
企业规模 × PRO		-0.0211*** (0.00194)	-0.0214*** (0.00163)	-0.0214*** (0.00174)
核算差异 × PRO		0.127*** (0.00632)	0.123*** (0.00631)	0.126*** (0.00631)
贷款能力 × PRO		0.209*** (0.031)	0.21*** (0.0341)	0.21*** (0.0341)
企业年龄 × PRO		0.0156*** (0.00301)	0.0158*** (0.003)	0.0158*** (0.003)

续表

变量名称	回归（1）	回归（2）	回归（3）	回归（4）
税负水平×PRO		-0.00025 (0.00317)	-0.00024 (0.00318)	-0.00024 (0.00318)
常数项×PRO	-0.0255*** (0.00542)	-0.0264*** (0.00456)	-0.0645*** (0.00417)	-0.0713*** (0.00844)
年份虚拟变量	N	N	Y	Y
地区虚拟变量	N	N	N	Y
R-squared	0.234	0.261	0.269	0.273
观察值	326003	319699	319699	319699

注：括号内为标准误，***表示1%的显著性水平。出于精简篇幅的目的，没有报告控制变量水平项的系数（下同）。

进一步的，尽管我们能够控制地区的教育水平，但仍然无法度量更多潜在的遗漏变量。更重要的是，税收道德与企业避税之间可能存在互为因果关系，较高的企业避税现象可能反过来恶化本地区的税收道德水平。为此，进一步采用工具变量的方法检验基本回归结果的稳健性。早期研究中，Torgler 和 Schneider（2009）以经济法的来源作为排除干扰因素的工具变量，解决了制度质量等造成的内生性问题。Torgler 等（2007）选用的工具变量是天气状况，但是该工具变量的使用缺乏理论支持。Halla（2012）认为税收道德和其他的道德准则、社会规范一样，都是经过世代继承下来的。第二代美国人的税收道德主要来自他们上辈的来源国，该继承下来的部分是不受当今的经济和制度影响的。因此，他选用税收道德中从祖先继承下来的部分作为工具变量，证明了二者之间的因果关系。

在本章中，依据数据的可获得性，分别采用各省65周岁以上人口占总人口的比例（IV1）以及各地区每百万人拥有的寺庙数量（IV2）作为工具变量①。理由是，首先，年龄和寺庙数量是影响道德水平的两个重要因素。Tittle（1980）认为，个体的年龄能够显著影响税收道德水平，尤其是年长者的比例越高，税收道德水平会越高，因为年长者积累的资本和名望较多，更在意别人对自己的评价。同样，寺庙的数量反映了一个地区的宗教信仰和道德水平，尤其是主流

---

① 65周岁以上老年人口占比数据来源于各年份的中国人口年鉴，寺庙数据来自国家宗教事务局网站和《中国佛教寺院名录》的综合测算，主要包括佛教和道教寺庙。

的佛教和道教的教义中,对犯罪和不道德行为的约束是一项重要的内容,在某种意义上宗教构成了地区道德水平的基石。从工具变量的第一个条件来说,上述两个工具变量直观上与税收道德水平之间具有高度相关性。其次,一个地区的年龄分布和宗教数量不会通过其他途径影响企业避税的规模。基于两阶段最小二乘法,重新运用工具变量进行了回归,结果如表6-5所示。其中,第1、第2列为采用老年人口占比作为工具变量的回归结果,第3、第4列为采用百万人寺庙数量作为工具变量的回归结果。可以看到,与理论预测的一致,在第一阶段中,两个工具变量与税收道德水平之间呈现高度相关关系,同时,在4个回归中,税收道德与推算利润的交互项系数均显著为正,这就进一步证实了税收道德与企业避税规模之间单向因果关系的存在,排除了内生性问题对于本章基本结论的威胁。

表6-5　　　　稳健性检验二：工具变量回归结果

变量名称	老年人口占比		每百万人寺庙数量	
	回归（1）	回归（2）	回归（3）	回归（4）
税收道德×PRO	0.461*** (0.0234)	0.444*** (0.0305)	0.0198** (0.0095)	0.0189*** (0.0073)
企业规模×PRO		-0.0197*** (0.00184)		-0.0237*** (0.0028)
核算差异×PRO		0.0934*** (0.00992)		0.0273* (0.0159)
贷款能力×PRO		0.394*** (0.0212)		0.2612*** (0.0303)
企业年龄×PRO		-0.0103*** (0.00328)		-0.0965*** (0.003)
税负水平×PRO		-0.000873 (0.00132)		0.0014 (0.0021)
常数项×PRO	0.123*** (0.0167)	0.0611* (0.0358)	0.0516 (0.3338)	0.0557 (0.124)

续表

变量名称	老年人口占比		每百万人寺庙数量	
	回归（1）	回归（2）	回归（3）	回归（4）
一阶段回归				
IV	6.366*** (0.134)	3.22*** (0.255)	1.07*** (0.0812)	0.1802*** (0.0576)
$PRO \times IV$	3.462*** (0.1266)	2.87*** (0.054)	1.872*** (0.673)	1.02*** (0.108)
地区虚拟变量	N	Y	N	Y
年份虚拟变量	N	Y	N	Y
观察值	319699	319699	309178	309178
R-squared	0.34	0.459	0.197	0.236

注：括号内为标准误，*、** 和 *** 分别表示 10%、5% 和 1% 的显著性水平。出于精简篇幅的目的，没有报告控制变量水平项的系数（下同）。

最后，本章采用推算利润与报告利润之间的差异来度量企业的避税。一种可能的情况是，企业不仅会低报自己的利润，还会像低报销售收入一样低报自己的总产出，这样，基于国民收入核算法得到的推算利润同样会存在严重的测量误差，从而影响本章的基本回归结果。为了避免上述问题，在表6-6的回归中，采用企业的实际税率来衡量其逃避税程度，并且为了避免企业低报产出的影响，将企业的所得税额对其总资产进行标准化。从回归结果来看，税收道德越高的地区，企业的实际税率水平也越高，表明避税指标的测量误差并没有对本章的基本结论产生致命影响。

表 6-6　　　　　　稳健性检验三：更换避税指标

变量名称	实际税率		
	（1）	（2）	（3）
税收道德	0.0165*** (0.00658)	0.0165*** (0.00658)	0.0187*** (0.00676)
企业规模	0.0325** (0.0166)	0.0325** (0.0166)	0.0327** (0.0166)
核算差异	-0.0255 (0.0717)	-0.0255 (0.0717)	-0.0169 (0.0717)

续表

变量名称	实际税率		
	（1）	（2）	（3）
贷款能力	-0.195*** (0.073)	-0.195*** (0.073)	-0.257*** (0.073)
企业年龄	0.0346* (0.0201)	0.0346* (0.0201)	0.0763*** (0.0232)
常数项	-0.122 (0.164)	-0.107 (0.699)	-0.220 (0.700)
地区固定效应	N	Y	Y
时间固定效应	N	N	Y
观测值	319699	319699	319699
R-squared	0.26	0.278	0.31

注：括号内为标准误，*、**和***分别表示10%、5%和1%的显著性水平。出于精简篇幅的目的，没有报告控制变量水平项的系数（下同）。

五、结论与政策建议

理论上，税收道德会通过"内疚"或"耻辱"的方式降低纳税人的自避税的效应，无论对于个人还是企业而言，上述机制都会在一定程度上起到对避税的抑制作用。基于世界价值观调查（WVS）和中国工业企业的匹配数据，在分别对地区税收道德水平和企业避税进行合理测度的前提下，本章从实证上考察了税收道德对于中国企业避税的影响。研究发现，区域税收道德水平与辖区内企业避税呈现显著的负相关关系，税收道德水平越高，企业的避税规模越小。进一步的，由于国有企业和集体企业避税动机较弱，我们发现税收道德抑制避税的作用主要存在于私营企业和外资企业中。在采用工具变量回归、更换避税指标以及增加控制变量的情况下，上述结论仍然非常稳健。

本章的研究对我国当前避税的治理带来了有益启示。一直以来，我国税务机关偏重于采取严监管、高处罚等威慑措施来解决我国存在的避税现象，但实际上，上述措施只能治其表面不能触其根本，且提高稽查力度对于避税的边际改善呈现逐步下降的趋势。更为重要的是，较高的监管和稽查水平必然引起征税成本的升高。早在 2006 年，世界银行就发布了一组关于全球各国征税成本的比较数据，与欧美等国不到 1% 的征税成本相比，我国仅预算内支出的征税成本就在 5% 以上，个别地区甚至高达 20%，如果加上尚未进入统计的预算外支出，则成本更高（World Bank，2006）。近期的相关研究也证实了征税成本高企的现状，并且，与高征税成本共存的是征管寻租空间的存在以及税收腐败的盛行（孙哲，2012）。因此，我们需要寻找行之有效的方法，在不扩张征管成本的前提下提高税收征管效率。而本章的研究表明，从文化和制度层面加强对于纳税人心理层面的干预，提高全社会的税收道德水平将是遏制避税的一种可行措施。

第七章
"营改增"与制造业企业出口
——基于倍差法的经验研究*

---

* 发表于《社会科学战线》,2017 年第 12 期。

一、引　言

传统的营业税体制存在严重的重复征税问题，不仅制约着服务业自身的发展，也限制了增值税抵扣链条向上和向下两个维度的延伸，造成了经济效率的损失（陈晓光，2013）。中国自2012年起开始推行"营业税改增值税"的重大税制体制改革，并以上海为起点，采用逐步扩大试点地区和试点行业的方式稳步推进改革，最终在2016年5月1日实现改革的全覆盖。事实上，本轮"营改增"可以看作是1994年增值税设立，以及2009年增值税转型（生产型增值税向消费型增值税）等改革的延续，其核心政策目标是消除我国长期存在的货物与服务适用不同流转税体制的遗留问题，为促进产业间的分工、加快现代服务业的发展以及实施结构性减税等营造良好的税制环境。

改革推行至今，对于"营改增"的实际政策效果，大量文献从不同角度进行了评估。例如，从税负的角度来看，尽管部分服务行业存在税负"不降反升"的现象，但随着改革的逐步推进尤其是抵扣链条的逐步完善，"营改增"的整体减税作用较为明显（潘文轩，2012）；进一步的，从产业分工的角度来看，由于降低了产业分工和协作的税收成本，"营改增"有效推动了企业间跨地区的分工与协作，促进了企业主辅业务的分离（陈钊，王旸，2016；范子英，彭飞，2017）；而以减税为基础，大量研究还探讨了"营改增"对于试点企业绩效的影响，发现"营改增"显著促进了试点企业的固定资产投资和研发投资，带来了企业全要素生产率水平的提升，并在长期中促进了宏观经济增长（田志伟，胡怡建，2014；李成，张玉霞，2015；袁从帅等，2015）。上述研究丰富了我们对于"营改增"政策效果的认识，但却缺乏来自制造业企业的经验证据，如对制造业企业的投资、出口等行为的影响。

事实上，"营改增"除了影响试点企业的税负，还会通过增值税的抵扣链条影响其下游制造业企业的税负。一个简单的事实是，在"营改增"后，制造业企业原先计入企业成本或者费用的研发服务、技术服务、鉴证咨询服务等均能进行进项税额的抵扣，这会有效地降低制造业企业的税负，增加企业的利润，进而提升企业产品的国际竞争力。此外，大量制造业出口企业还兼营技术、咨询等服务的出口，在"营改增"之后，上述服务出口能够享受"零税率"的增值税税收优惠政策，不仅能够豁免本环节的税额，还能够抵扣前面所有环节的增值税税额，有力地降低了企业出口的成本。潘明星（2013）从理论上阐述了"营改增"对制造业企业出口的影响，认为服务业改征增值税后，制造企业出口货物中所含的服务业增值税税额可以得到退还，从而增强了制造业企业出口货物的竞争力。不过，目前仍缺乏严谨的实证研究来考察"营改增"对于制造业企业出口行为的影响，少数的研究采用宏观数据来考察"营改增"的进出口政策效应（王艺明等，2016），很明显，这样的做法无法对制造业和服务业进行有效区分。此外，必须注意的一个前提是，"营改增"对制造业的税负传导机制主要依赖于增值税的抵扣链条，但事实上，从一般规律以及统计数据来看，"营改增"之后大部分的服务业企业只能是增值税的小规模纳税人[①]，而小规模纳税人由于税率较低以及不能直接开具增值税专用发票等因素[②]，其对下游的税负传导作用较为有限。因此，"营改增"对于制造业企业税负和出口行为的影响是一个经验研究亟待解决的问题。

基于2009~2013年的中国工业企业数据，本章采用倍差法考察"营改增"对于制造业企业出口的影响。从改革的进程来看，"营改增"采用的是部分地区先行试点，然后逐步向全国其他地区推开的策略。以最早进行改革的交通运输业和部分现代服务业来看，其最早于2012年1月1日在上海进行试点改革，并于2012年9~12月，逐步将改革试点范围扩展至北京、江苏、福建、广东等8个省，以及3个计划单列市，而其余的省市则直到2013年8月1日才全面开展上述"1+6"行业的改革。从改革的最优策略来说，逐步推开的方式可能并不利于改革效果的发挥，尤其是增值税的购进扣税方式决定了上下游的同步改革才最有利于显现其减税的效果。不过，从研究的角度来说，逐步推开的方式为我们运用倍差法评估"营改增"的政策效果提供了良好机会。在本章中，以最早进行"1+6"改革的上海地区制造业企业为处理组，以2013年8月开始改革

---

① 从国家税务总局2016年的统计数据来看，至2015年底，"营改增"试点纳税人共592万户，其中一般纳税人113万户，小规模纳税人479万户，占比达81%。
② 通常情况下，小规模纳税人只能由税务局代开专用发票。

的地区制造业企业为对照组,评估"营改增"对于制造业企业出口的影响。研究发现,相比于对照组企业,处理组企业的出口强度在"营改增"之后显著提高 0.94%。同时,上述基本结论在行业维度存在异质性,改革之后,与试点服务行业关联度更高的制造业企业出口有更为明显的提升。在进行稳健性检验后,上述结论仍然成立。

本章的贡献主要体现在以下两个方面:首先是拓展了现有关于"营改增"政策效应的文献,增加了来自制造业企业出口维度的证据,有利于更全面的评估"营改增"的政策效应;其次是丰富了有关税收政策影响企业出口行为的研究,已有研究主要集中于增值税出口退税调整所产生的直接影响(Chao et al.,2001;陈平、黄健梅,2003;王孝松等,2010;白重恩等,2011),而由于整体税负降低对出口产生的影响则较少受到关注,本章的研究是对已有文献的有益补充。

二、文献回顾与制度背景

(一) 文献回顾

有关税收政策对企业出口行为的影响一直是理论和实证研究的热点问题。理论上,税负水平的变化能够直接影响企业出口产品的成本,进而能够直观地影响企业的出口规模(Hall and Jorgenson,1967)。反映在现实中,通过税收政策来干预和调控一国企业的出口行为已成为各国政府的重要政策选择。以中国的实践为例,自 1985 年建立出口退税制度后,出于不同的政策考量,中国政府对出口退税率进行了频繁的调整。比如,2007 年 6 月,在贸易顺差持续拉大导致贸易摩擦增加,以及部分产品产能过剩的情况下,中国下调了 2000 多种商品的出口退税率,重点针对"高污染、高耗能、资源型"产品和易引起贸易摩擦的产品如纺织品等,平均退税率降低达 5.87 个百分点。① 而同样,当 2008 年全球经济危机对中国出口和增长造成严重影响时,从 2008 年 8 月至 2012 年 5 月,中国政府又连续 7 次大范围提高出口商品的出口退税率,大力扶持出口企业,缓解经济危机给企业带来的压力以稳定经济的增长。

在实证文献中,评估税收政策对企业出口行为的影响也主要围绕出口退税展开。早期的研究主要采用宏观层面的数据,如 Chao 等(2001)把出口退税项纳入出口需求方程中,运用 1985~1998 年的数据进行研究,认为出口退税政策能够显著促进出口的增长。陈平和黄健梅(2003)采用协整的方法研究,认为我国有效汇率水平的变化,影响出口退税政策对出口贸易的作用,因而使短期和长期的出口退税政策都对出口贸易起到积极的推动作用。Chen 等(2006)对 1985~2002 年的宏观数据进行 Spearman 序相关度检验分析,也得出了相同的结论。此外,万莹(2007)、谢建国和陈莉莉(2008)以及白胜玲和崔霞(2009)等通过对出口贸易数据的分析,也得到相似的结论。在随后的一些研究中,王孝松等(2010)和白重恩等(2011)均采用产品层面的出口数据考察了出口退税率的变动对于微观产品出口的影响,研究结论均显示退税率与产品出口增长率之间存在显著的正向关系。

除了出口退税这种能够直观影响企业出口成本的税收政策,有关增值税的一些改革也被认为促进了企业出口。以 Melitz(2003)为代表的新新贸易理论认为,较高的生产率水平能够增加企业的出口,理由在于开拓国际市场需要企业承担额外的成本,如信息收集、与当地政府的合作等,这要求企业具备较高的生产率水平。中国在 2006 年开始试点并于 2009 年全面铺开的增值税转型改革被广泛认为提升了企业绩效,尤其是全要素生产率水平(聂辉华等,2008;申广军等,2016),并同样带来了企业出口的增长。Qing(2015)以增值税转型为背景,运用倍差法对 1998~2007 年的企业数据进行分析,发现由增值税转型引起的企业固定资产投资的提高对企业的出口规模影响显著。汪小勤和曾瑜(2016)运用贸易引力模型,以 2004~2013 年不同国家为研究对象,发现增值税转型改革在扩展(双边贸易产品种类范围扩大)和集约(少数企业和产品增加)两个层面上均促进了中国的对外出口。

---

① 《财政部、国家税务总局关于调低部分商品出口退税率的通知》。

从原理上来说，"营改增"与增值税转型都是通过增加进项税额抵扣的方式来降低制造业企业的税负，因此，两者应该存在趋同的政策效果。但在出口维度，有关"营改增"对制造业企业的影响却鲜有文献涉及。在为数不多的几个文献中，王艺明等（2016）运用 Hsiao 等（2012）的新政策评估方法，使用 2007 年 1 月到 2013 年 7 月的中国 31 个省的面板数据，分析了部分"营改增"试点对上海和北京进出口的影响，发现"营改增"试点阻碍上海出口、促进上海进口，阻碍北京进口，对北京出口则无影响。不过，由于采用的是宏观层面的加总数据，上述研究并没有区分制造业和服务业，其研究结论也并不令人信服。

（二）制度背景

自 1954 年增值税在法国诞生以来，以其良好的税制设计和税收中性特点征服了全球近 160 个国家。与传统的流转税相比，增值税能够有效克服重复征税，并不影响企业组织形式的选择，这契合了现代社会专业化分工越来越细的特点，因而广受各国欢迎。在全球各国可统计的税收总收入中，增值税的份额接近 20%，是当之无愧的全球第一大税种（张文春，2015）。早在 1979～1984 年，中国就尝试在传统产品税和营业税的基础上引入增值税，以增加财政收入①。不过，与现有采用购进扣税法计算增值额的方式不同，早期的增值税采用"加法"，即通过汇总企业的工资、利息、利润等来计算企业的增值额，因而征收难度较大，筹集财政收入的功能发挥并不明显（楼继伟，2013）。

事实上，中国现代意义上的增值税体系是在 1994 年分税制改革后才建立起的。根据国务院在 1993 年 12 月发布的《中华人民共和国增值税暂行条例》，中国从 1994 年 1 月 1 日起开始对所有的货物以及加工修理修配劳务征收增值税，新的增值税采用链条式的征收方式，由销项税额和进项税额共同决定。理论上，充分发挥增值税税收中性的特点需要满足一定的前提条件，那就是增值税的征税范围要尽可能的广泛，覆盖社会中所有的货物、劳务和服务，并且要求所有

---

① 可参见国务院在 1984 年 9 月 18 日发布的《中华人民共和国增值税条例（草案）》。

的进项税额应抵尽抵。只有这样，税收才不会影响社会的资源配置和企业的经营决策，并最大限度地促进社会分工。不过，出于应对投资过热和抑制通货膨胀的现实考虑，在1994年设立增值税时，我国选择了生产型增值税，在这种类型的增值税体制下，企业购进固定资产所对应的进项税额不得抵扣。同时，在征税范围的选择上，建筑、服务、不动产等行业仍然留在营业税体系内，不缴纳增值税。上述选择大大制约了增值税税制优点的发挥，同时也意味着，中国的增值税体制从建立开始就面临着"转型"和"扩围"的内生要求。

较早进行的是增值税的转型。2004年，由生产型增值税向消费型增值税的改革就在东北地区进行试点，并于2007年和2009年分别向中部六省和全国范围内推开①。由于并不涉及税制的重大转换，对征管工作的触动也并不大，更重要的是这一转型改革深受企业的欢迎，因此，增值税的转型改革推进较为顺利。尽管在短期内造成了财政收入的减收，但在长期中，转型改革有力地促进了企业的微观绩效的提升和国家经济发展方式的转变（聂辉华等，2009；申广军等，2017）。

相比之下，增值税的"扩围"改革，也即"营改增"则面临更复杂的局面。首先，从缴纳营业税的企业角度来看，从营业税到增值税，名义税率会有一个明显的提升，尽管能通过进项抵扣的增加来降低实际税率，但这需要一定的过程，且不同行业之间会存在较大的差别。其次，从征管角度来看，"营改增"牵涉税种从地税向国税的整体迁移，且整体量非常庞大，这在以前的历次改革中是从未有过的②。上述两个改革的难点直接决定"营改增"的改革路径：首先，在试点行业的选择上，并没有让所有营业税行业同时改革，而是选择在交通运输业和部分现代服务业先行改革，逐步积累经验，为后续的全面改革提供借鉴；其次，在试点地区的选择上，首先在上海进行试点，这是因为上海自1994年以来就实行国税与地税的合署办公，国税和地税系统仅在管理层面进行区分，且大多兼任③，在基层征管中则并没有区分国税和地税，实行统一的税收征管，这有效地降低了征管层面改革的难度。

---

① 参见财政部、国家税务总局下发的《东北地区扩大增值税抵扣范围若干问题的规定》，以及《关于全国实施增值税转型改革若干问题的通知》。
② 即便是在2002年进行的所得税分享改革中，尽管所得税由地方税变成了中央—地方共享税，但对于征税机关的选择仍采取了折中的方案，那就是"老人老办法，新人新办法"，旧企业仍然由地税负责征管，而国税则只负责新增企业的征管，这有效地避免了信息迁移带来的征税效率损失。
③ 例如，上海市国税局长兼任地税局长，国税与地税之间实行"两块牌子，一套班子"。

自 2013 年 8 月"营改增"试点范围向全国推开，同时在交通运输业和部分现代服务业的基础上，增加了广播影视服务。随后，铁路运输、邮政业、电信业也相继于 2014 年 1 月和 6 月被纳入改革范围。而预期改革难度最大的建筑业、金融业、房地产业和生活服务业也于 2016 年 5 月 1 日全部加入改革。至此，增值税完成了向服务业和不动产的全面"扩围"，进一步夯实了其作为中国第一大税种的地位。

三、研究设计

（一）数据来源

本章的主要数据来自中国工业企业数据库（1998~2013 年），该数据库由国家统计局进行维护，是目前可知的样本量最大的微观层面企业数据库，且已经被广泛用于各领域的研究（聂辉华等，2011）。根据本章的研究需要和"营改增"推行的时间进度，本章选取了其中 2009~2013 年的样本，并对样本数据做了如下处理：首先，按照 Brandt 等（2011）的做法将面板数据合并为一个面板数据集，依据所调查企业的名称、法人代码，以及邮政编码、电话号码等信息对不同年份间的企业进行识别，再进行组合；① 其次，对数据进行了基本的清理，如企业的财务数据需要满足基本的会计恒等式，如删除缺少关键变量的观察值、删除明显不符合逻辑关系的观察值、删除销售额明显小于 500 万元的企业，并对主要变量进行了前后各 1% 的缩尾（winsorize）处理；最后，还对关键变量进行了清理，如删除了出口交货值小于 0 以及出口强度大于 1 的样本。最后，经过处理之后的观测值总量为 422132 个。

---

① 简单来说，首先基于企业的法人代码将相同的企业匹配起来，没有匹配上的再用企业的名称来匹配，法人代码和企业名称都没有匹配上的再用企业的法人代表及地区代码、行业代码来匹配，若仍然没有匹配上的最后再用企业的建厂时间、电话号码、所在街道地址和主要产品来匹配。

（二）模型设定与变量说明

如前文制度背景所介绍的，"营改增"采用逐步试点的办法推行，最早于2012年1月1日在上海进行"1+6"行业的改革，其间在2012年9月将试点范围增加至包括北京在内的9个省市，而剩余的省市则在2013年8月全部进行改革。上述改革路径为我们运用倍差法研究"营改增"对制造业企业的出口提供了良好机会。倍差法为近年来流行的政策评估和因果推断方法，其借鉴自然科学中的受控实验，把样本分为处理组和对照组。其中，处理组为受到政策影响的样本，而对照组则是完全不受政策影响的样本。在倍差法的思路中，在假定两个组别存在共同趋势的情况下，对照组就构成了处理组的反事实状态，这样，除去固有的时间趋势效应（一重差分），处理组和对照组之间的差异（双重差分）就可以看作是政策的净影响了。在本章中，以最早进行"营改增"的上海地区制造业企业作为处理组，以2013年8月进行改革的其余省市制造业企业作为对照组，考察"营改增"对于制造业企业出口的影响。依据倍差法的原理，构建了如下模型：

$$Export_{it} = \beta_0 + \beta_1 Treat_{it} + \beta_2 Post_t + \beta_3 (Treat_{it} \times Post_t) + \beta_4 X_{it} + \varepsilon_{it} \quad (7-1)$$

其中，i 表示企业；t 表示时间；$Export_{it}$ 为本章的被解释变量，参照已有文献的做法，用出口强度（出口交货值/工业销售产值）来反映企业的出口行为，当然，为了避免指标的偏误影响回归结果，在稳健性检验中还采用企业出口交货值的对数作为替代指标；$Treat_{it}$ 为反映样本是否受政策影响的虚拟变量，在本章中，上海地区的制造业企业作为处理组取值为1，其余对照组的样本则取值为0；$Post_t$ 为反映改革前后的时间虚拟变量，本章以最早进行"营改增"试点的2012年为界限，2012年1月1日之前取值为0，之后则取值为1；一般情况下，运用倍差法不需要控制过多的控制变量，不过在 X_{it} 中，仍然控制了部分影响企业出口行为的变量：生产率水平、企业规模、资本劳动比、融资约束、所有制结构等。其中，按照惯例，采用人均销售额来表示企业的生产率水平（聂辉华等，2009）；企业规模则用企业的总资产规模来进行表示；资本劳动比反映的是企业要素投入的占比，采用劳均资本来反映；融资约束则用企业的财务费用占总资产的比重来进行表示；最后，所有制类型则主要根据工业企业数据库中企业的登记注册类型，分为国有企业、集体企业、混合企业、私营企业、外资企业、港澳台资企业以及其他企业。主要变量的描述性统计如表7-1所示。

表7-1　　　　　　　　　主要变量描述性统计

变量名	变量定义	说明	观测值	均值	标准误
$Export1$	出口	（出口交货值+1）对数	1153417	2.7781	4.5069
$Export2$	出口强度	出口交货值/工业销售产值	1153417	0.1296	0.2912
$Treat$	是否营改增	0-1虚拟变量	422132	0.1217	0.3269
$Post$	改革之后	0-1虚拟变量	1153417	0.3246	0.4682
$Credit$	融资约束	财务费用/总资产	1151961	0.0221	2.0204
$Size$	企业规模	资产总计对数	1152757	10.2357	1.6412
Pro	生产率水平	工业销售产值/从业人数	1138946	5.7329	1.1657
$Ljzb$	资本劳动比	总资产/从业人数	1138376	8.63254	1.52467
$Gyqy$	国有企业	0-1虚拟变量	1153417	0.0269	0.1621
$Jtqy$	集体企业	0-1虚拟变量	1153417	0.0245	0.1548
$Syqy$	私营企业	0-1虚拟变量	1153417	0.5268	0.4992
$Wzqy$	外资企业	0-1虚拟变量	1153417	0.1214	0.3266
$Gatqy$	港澳台资企业	0-1虚拟变量	1153417	0.1005	0.3007

事实上，在式（7-1）中，交互项的系数 β_3 是我们最关心的。从原理上讲，"营改增"之后，对照组企业出口强度的变化为 β_2，而处理组企业出口强度的变化为 $\beta_2+\beta_3$，因此，"营改增"对于试点地区制造业企业，也即处理组的净效应就为 β_3。

四、实证分析

（一）基本回归结果

表7-2给出了基本回归结果。在基本回归中，采用的是企业出口强度作为

被解释变量。从第 1 列到第 4 列，逐步控制企业的所有制类型、所处行业以及时间趋势效应。从关键变量的系数来看，在不同的模型设定下，交互项的系数均显著为正，这表明尽管存在制约税负降低的因素，如小规模纳税人占比过高等，但增值税税制体制的整体减税效应仍然非常明显，有效地降低了制造业企业的税负并带来了企业出口强度的显著提升。同时，比较第 1、第 2 列和第 3、第 4 列回归结果可以看到，在控制时间动态趋势效应之后，交互项的系数有明显的下降，表明企业的出口存在很强的时间路径依赖，不控制时间趋势会高估"营改增"的政策效应。从第 4 列中交互项的系数来看，与对照组地区的制造业企业相比，"营改增"之后，处理组地区的制造业企业出口强度提升了 0.94%。在本章中，政策之后的处理时间只有两年，事实上，随着处理时间的不断延长以及"营改增"的不断推进，其对制造业企业出口的影响将更为明显。

表 7-2　　　　　　　　基本回归结果：出口强度

变量名	(1) ck2	(2) ck2	(3) ck2	(4) ck2
$Treat$	-0.0306 (0.111)	-0.0305 (0.111)	0.0635 (0.108)	0.0628 (0.108)
$Post$	0.0137*** (0.0007)	0.0136*** (0.0007)	0.0421*** (0.0009)	0.0422*** (0.0009)
$Treat \times Post$	0.0443*** (0.00168)	0.0441*** (0.00168)	0.0097*** (0.00166)	0.00942*** (0.00166)
$Credit$	0.00647*** (0.00168)	0.0064*** (0.00168)	-0.000137 (0.00163)	-5.13e-05 (0.00163)
$Size$	0.00242 (0.00240)	0.00244 (0.00240)	0.106*** (0.00258)	0.106*** (0.0025)
Pro	0.00192*** (0.000433)	0.0019*** (0.000433)	0.0019*** (0.00046)	0.0019*** (0.00046)
$Ljzb$	0.00254 (0.00252)	0.00251 (0.00252)	0.0850*** (0.00261)	0.085*** (0.0026)

续表

变量名	(1) ck2	(2) ck2	(3) ck2	(4) ck2
Constant	0.00169 (0.0143)	0.00466 (0.0144)	0.528*** (0.0148)	0.523*** (0.0189)
所有制	N	Y	Y	Y
时间	N	N	Y	Y
行业	N	N	N	Y
Observations	404961	404961	404961	404961
R-squared	0.13	0.14	0.173	0.174

注：括号内为标准误，*** 表示 10% 显著性水平，下同。

其他变量方面，融资约束对企业出口的影响并不显著，而企业规模与生产率水平均显著提升了企业的出口强度，这一结论符合已有的研究文献，如 Krugman（1990）认为，开拓国际市场需要面临更高的市场风险和固定成本，相比于小企业，规模更大的企业才更有能力克服不利因素进入国际市场。而 Melitz（2003）则进一步认为，企业的生产率水平是决定企业出口的重要因素，生产率水平更高的企业能够承受更高的出口成本，获得更高的出口利润。最后，劳均资本的系数也显著为正，表明企业的资本密集度在一定程度上也提升了出口强度。

在本章的逻辑中，"营改增"能够增加制造业企业的进项税额抵扣，从而降低其税负，促进出口的增加。但事实上，从增值税的税制特点来看，下游企业只有与上游企业存在足够强的行业关联度，增值税的减税机制才能充分发挥。换句话说，在本章的政策背景下，进行"营改增"的7个试点行业只有在对制造业的中间投入中占据足够的比重，所对应制造业的减税效果才会更明显。因此，一个合理的推测是，与服务业的行业关联度更高，"营改增"对制造业企业出口的促进作用更明显。为此，本章根据刘书瀚等（2010）所测算的服务业与制造业的产业关联程度，将样本中的制造业行业分为强关联行业与弱关联行业分别进行回归[①]。回归结果如表7-3所示，其中第1、第2列为强关联行业回归

---

① 其中，强关联行业主要包括非金属矿物制品业、通信设备、计算机及其他电子设备制造业、电气机械及器材制造业、木材加工及家具制造业、食品制造及烟草加工业、通用、专用设备制造业、纺织服装鞋帽皮革羽绒及其制品业、化学工业、交通运输设备制造业、工艺品及其他制造业，剩余的制造业行业为弱关联行业。

结果,第3、第4列为弱关联行业回归结果。从交互项的系数可以看到,在不同的控制变量下,交互项系数在强关联行业均显著为正,而在弱关联行业则基本不显著。同时,从系数大小来看,"营改增"对于出口的提升在强关联行业要高于平均水平,达到1.12%。上述结果证实了本章的推测,即行业关联程度是影响"营改增"减税效果的重要前提,这一结论也与范子英等(2017)的研究结论相一致。

表7-3　　　　　　　　　　区分行业关联度

变量名	(1) ck2	(2) ck2	(3) ck2	(4) ck2
$Treat$	-0.0329 0.1215	0.0786 0.1169	0.0043 0.185	0.009 0.0233
$Post$	0.016*** (0.0011)	0.0499*** (0.0014)	0.0082*** (0.0011)	0.0284*** (0.0016)
$Treat \times Post$	0.0196*** (0.0022)	0.0112*** (0.0029)	0.000457 (0.0029)	-0.000387 (0.00220)
$Credit$	0.011*** (0.0027)	0.00201 (0.0026)	0.00266 (0.0018)	-0.00125 (0.0018)
$Size$	0.0027 (0.0034)	0.132*** (0.0036)	0.0045 (0.00341)	0.0668*** (0.00367)
Pro	0.00255*** (0.00063)	0.0238*** (0.00067)	0.00154*** (0.00058)	0.0135*** (0.00064)
$Ljzb$	0.00444 (0.0036)	0.108*** (0.0037)	-0.00218 (0.0035)	0.0519*** (0.0036)
$Constant$	-0.00980 (0.0191)	0.646*** (0.0247)	0.00355 (0.00711)	0.348*** (0.0169)
所有制	N	Y	N	Y
时间	N	Y	N	Y
行业	N	Y	N	Y
行业关联	强关联	强关联	弱关联	弱关联
Observations	246035	246035	158926	158926
R-squared	0.214	0.289	0.109	0.15

注:括号内为标准误,***表示1%的显著性水平,下同。

(二) 稳健性检验

首先，运用倍差法进行政策评估需要满足共同趋势的假定，其背后的逻辑是，只有处理组和对照组具备相同的变动趋势，对照组才能够作为处理组的反事实，进而双重差分之后的结果才是政策干预的净效应，否则，交互项的系数将不能真实地反映政策处理的效应。在本章中，采用反事实方法来验证处理组和对照组之间的共同趋势。其基本原理是，假定"营改增"的试点时间分别为 2010 年 1 月 1 日和 2011 年 1 月 1 日，进而构造相应的虚拟变量进行回归。如果交互项的系数在上述虚假政策中不显著，则说明处理组和对照组存在共同趋势，反之则说明两个组别间不具备共同趋势，本章的基本回归结果存在有偏估计。回归结果如表 7-4 所示，在回归中，为了避免"营改增"试点的干扰，将样本时间控制在 2009~2011 年，可以看到，在不同的虚拟政策下，交互项的系数均不显著，说明本章的处理组和对照组满足倍差法的使用条件，具备共同趋势。

表 7-4　　　　　　稳健性检验二：Falsification Test

变量名	(1) ck2	(2) ck2	(3) ck2	(4) ck2
$Treat$	0.0986 (0.102)	0.0785 (0.0980)	0.0139 (0.101)	0.0385 (0.0974)
$Post2010$	-0.0081*** (0.000915)	-0.0858*** (0.00119)		
$Treat \times Post2010$	-0.0942 (0.228)	-0.0573 (0.222)		
$Post2011$			0.0467*** (0.00130)	0.047*** (0.00126)
$Treat \times Post2011$			0.173 (0.331)	0.14 (0.323)

续表

变量名	(1) ck2	(2) ck2	(3) ck2	(4) ck2
$Credit$	0.0137*** (0.00285)	0.00163 (0.00273)	0.0110*** (0.00280)	0.00241 (0.00272)
$Size$	0.0424*** (0.00358)	-0.120*** (0.00382)	-0.0275*** (0.00373)	-0.119*** (0.00378)
Pro	0.00878*** (0.00062)	0.0209*** (0.00067)	0.00586*** (0.00059)	0.0214*** (0.00066)
$Ljzb$	-0.0379*** (0.0037)	0.0946*** (0.0038)	0.0311*** (0.0038)	0.0936*** (0.0038)
$Constant$	-0.0997*** (0.0134)	0.594*** (0.0230)	0.0221* (0.0131)	0.602*** (0.0227)
所有制	N	Y	N	Y
时间	N	Y	N	Y
行业	N	Y	N	Y
样本范围	2009~2011年	2009~2011年	2009~2011年	2009~2011年
Observations	307562	307562	307562	307562
R-squared	0.032	0.114	0.066	0.124

注：括号内为标准误，*** 和 * 表示1%和10%的显著性水平，下同。

其次，在核心变量方面，本章在基本回归中使用出口强度（出口交货值/工业销售产值）来反映企业的出口行为。尽管这一做法是目前文献中最为常见的度量方式（张杰，郑文平，2015），但由于是一个结构性指标，因此出口强度的变化不一定真实地反映了企业出口价值的增加。为了避免测量误差影响本章的基本回归结果，进一步采用企业的出口交货值对数作为被解释变量进行回归[①]。表7-5给出了回归后的结果，可以看到，在新的度量方式下，交互项的系数仍然十分显著，相比于对照组地区的制造业企业，处理组企业的出口交货值显著提高。

---

① 需要说明的是，由于样本企业中大量企业的出口交货值为0，因此，在取对数的过程中，我们采取了"+1"取对数的方式，以避免取对数后缺失值的产生。

表 7-5　　　　　　　稳健性检验一：出口交货值对数

变量名	(1) ck3	(2) ck3	(3) ck3	(4) ck3
$Treat$	-0.339 (1.525)	-0.338 (1.525)	-0.149 (1.511)	-0.160 (1.511)
$Post$	0.215*** (0.0104)	0.214*** (0.0104)	0.627*** (0.0138)	0.629*** (0.0138)
$Treat \times Post$	0.267*** (0.0230)	0.266*** (0.0230)	0.066*** (0.0232)	0.0586** (0.0233)
$Credit$	0.0483** (0.0231)	0.0485** (0.0231)	0.0108 (0.0229)	0.011 (0.0229)
$Size$	0.692*** (0.0329)	0.694*** (0.0329)	0.0387 (0.0361)	0.0378 (0.0361)
Pro	0.105*** (0.00594)	0.106*** (0.00594)	0.0189*** (0.0065)	0.0191*** (0.00653)
$Ljzb$	-0.616*** (0.0345)	-0.618*** (0.0345)	0.0137 (0.0365)	0.0126 (0.0366)
$Constant$	-0.747*** (0.196)	-0.708*** (0.197)	1.65*** (0.207)	1.592*** (0.265)
所有制	N	Y	Y	Y
时间	N	N	Y	Y
行业	N	N	N	Y
观测值	404961	404961	404961	404961
R-squared	0.18	0.19	0.35	0.36

注：括号内为标准误，*** 和 ** 表示 1% 和 5% 的显著性水平，下同。

最后，需要指出的是，本章在基本回归中将政策处置的时间设定为 2012 年之后。实际上，这一设定存在一定问题，因为从改革推进的时间表来看，对照组地区在 2013 年 8 月 1 日之后全部进行"1+6"改革，因此改革之后的效应存在重叠。不过，值得庆幸的是，上述问题只会造成本章对"营改增"政策效应的低估。换句话说，在后期存在效应重叠的情况下，仍能从实证上观察到改革对于试点地区企业出口的促进作用，则其实际的政策效应只会比本章所估计的要更大。

五、结论与政策建议

理论上，服务业实施"营改增"能够增加下游制造业行业的进项税额抵扣，进而降低税负，提升其出口产品的竞争力。本章基于 2009~2013 年的中国工业企业数据库，运用倍差法考察了"营改增"对于制造业企业出口的影响。研究发现，与对照组地区制造业企业相比，实施了"营改增"试点的处理组企业出口强度显著提升 0.94%。进一步的，上述结论在制造业细分行业之间存在异质性，与服务业的产业关联度越高，"营改增"对其出口的提升作用越明显。在进行了共同趋势的检验以及测量误差考虑之后，上述结论仍然稳健成立。

本章的研究从企业出口的维度为"营改增"的税制改革效应提供了经验证据。可以看到，由于增值税本身强大的辐射能力，"营改增"的效应不仅停留在服务业，还通过其抵扣链条有效地降低了制造业企业的税负，并带来企业层面出口的增加。我国已于 2016 年的 5 月 1 日全面推行"营改增"，这将进一步降低制造业企业的税负，促进行业的发展。此外，从本章的研究来看，税制效果的发挥还有赖于制造业与服务业的产业关联度，因此，在未来的经济发展中，要大力发展先进的生产性服务业，促进制造业和服务业的产业协调发展，从而形成税制改革与产业发展的良性循环。

第八章
税收竞争、企业税负与企业绩效
——来自断点回归的证据*

---

* 发表于《华中科技大学学报》(社会科学版),2017年第5期。

一、引　言

在有关解释中国经济发展的逻辑中，地方政府在政治锦标赛晋升的压力下所开展的为增长竞争是一条主要的脉络（周黎安，2004，2007）。为了提升辖区内经济总量，地方政府会在两个维度上对流动性的资本展开激烈的追逐，一是支出层面，主要体现为提供较好的公共品；二是收入竞争，通过提供较低的税负水平来吸引企业，也即税收竞争（Oates and Schwab，1991；Wolkoff，1992）。税收对于企业和居民来说都是一种负担，高税负可能导致企业流出，因而为了吸引企业，地方政府就必须充分考虑其他地区的实际税率，进而选择一项有竞争力的税收政策，这样一来，地区之间的税收政策就可能出现策略性行为。Oates（1972）很早就指出，税收竞争的均衡结果是低效率的，税率随着竞争程度的增加而逐步下降，体现为实际税率层面的朝底竞赛。

大量文献从经验角度验证了中国各地区之间的税收竞争，以及对于由此带来的对企业税负的影响。首先，无论是在省级层面还是在地市县层面，在主要的税种如增值税和企业所得税上，地方政府的税收政策均存在显著的空间正向相关性，其中尤以企业所得税层面的税收竞争最为明显（沈坤荣，付文林，2006；李永友，沈坤荣，2008；郭杰，李涛，2009；张宇麟，吕旺弟，2009；龙小宁等，2014）；其次，在竞争手段上，尽管中国的地方政府并不具备法定税率的调整权限，但通过违规的税收优惠、税收的先征后返以及降低税收执法力度等方式，地方政府能够有效地降低实际税率，以实现吸引流动性生产要素流入的目的（Qian and Weingast，1997；Xu，2011；范子英，田彬彬，2013）；最后，从竞争的结果来看，在实际税率的朝底竞赛中，企业的实际税负得以减轻，同时，围绕税收执法力度的竞争导致企业层面无论是合法的避税还是非法的逃税都有显著的增加（范子英，田彬彬，2013；龙小宁等，2014）。

理论上，税负的减轻能够有效地提升企业的绩效。在供给学派看来，较高的税率破坏了企业的生态环境，抑制了企业的投资和研发创新能力的潜力，更糟糕的是，在高税率水平下，效率较低的公共部门和地下经济部门会更容易扩张，进而挤占有限的生产资源而导致经济体整体产出的下降（Feldstein and Horioka，1980；Ireland，1994）。因此，作为一项重要的财政政策，减税一直是政府刺激经济的良方。遗憾的是，尽管有大量文献聚焦于中国地方政府间的税收竞争，但却鲜有文献从经验角度考察税收竞争带来的税负减轻究竟如何提升了企业的绩效，其中的难点在于无法有效地解决两者之间的内生性，例如，越是绩效水平高的企业，越容易成为地方政府竞争的对象，因而更容易面临更低的税收执法力度和获得更多的税收优惠。

中国在 2002 年所进行的所得税分享改革为我们考察上述问题提供了良好的契机。在本次改革中，企业依照成立时间的不同而分别隶属于不同的征税机构，其中 2002 年之后新成立的企业由国税局负责征管，而 2002 年之前成立的老企业则仍然由地税局负责征管。同时，在征管体制方面，为了避免税收竞争对中央财力的侵蚀，中国早在 1994 年就将税收征管机构分设为国税局和地税局，前者由中央政府垂直管理，后者则隶属地方政府，因而税收竞争仅能影响地税局的税收努力（Ma，1997）。换句话说，只有在地税局缴税的企业才能享受到地方政府税收竞争带来的税收优惠和较低的税收执法力度，而国税局的企业则面临更严格的监管，因而两类企业在绩效水平上的差异完全归因于税收竞争带来的企业税负的变化。需要说明的是，由于企业的成立时间严格独立于企业的绩效水平，因而上述识别方法有效地解决了两者之间的内生性问题。基于断点回归的研究结果表明，在企业成立时间的维度上，企业的实际税负在 2002 年后存在明显的向上跳跃趋势。进一步的研究发现，实际税负降低之后，企业的首要选择是增加固定资产投资，而不是研发投资。当企业成立时间限定在断点前后 6 个月以内时，税负每降低一个单位，企业的固定资产投资会提升 13% 左右，并进而带来企业全要素生产率水平的提升。

本章的第一个贡献在于推进和拓展了有关减税对于企业绩效影响的研究。已有关于减税绩效的经验研究主要聚焦于针对企业特定行为的减税，如对企业研发投入的税收优惠、股息税的减免以及消费型增值税对于企业固定资产投资的优惠等，其对企业行为和绩效的影响往往也是局部的（Mamuneas and Nadiri，1996；Bloom et al.，2002；Chetty and Seaz，2005，2006；聂辉华等，2009）。到目前为止，鲜有文献考察整体或无条件的减税对于企业绩效产生的影响，主要原因在于缺乏相应的政策实践。本章以中国地方政府间的税收竞争为背景，利用相关的自然实验有效识别了企业整体税负和绩效之间的因果关系,是对已有研究的有益补充。

此外,本章的研究还丰富了有关中国地方政府"援助之手"的研究。在比较中国和俄罗斯等转型国家的经济绩效差异时,不同国家地方政府所扮演的角色得到了学者们的极大关注。一种普遍的观点是,由于享有税收收入的"剩余索取权",中国的地方政府倾向于帮助辖区内的企业获得成长,如给企业提供必要信贷资金以及税收优惠等,这被认为发挥了"援助之手"的作用,促进了企业的投资和创新,提升了企业和整体经济的绩效(Oi,1992;Qian and Weingast,1996,1997;Jin et al,1999;Blanchard and Shleifer,2000)。而本章的研究则表明,尽管从中央政府的角度来说,地区间的税收竞争会导致潜在税源的流失,但为资本而竞争的行为却在微观上发挥了"援助之手"的作用,促进了企业绩效的提升和长期的经济增长。

二、文献回顾与制度背景

(一) 文献回顾

关于税收政策与企业行为的最早论述可追溯至亚当·斯密的《国富论》,他认为税收的增加会降低企业的预期收益率和可支配收入,从而降低企业的资本积累,对经济增长产生负面影响(Adam Smith,1775)。而李嘉图、穆勒和凯恩斯等也同意这种关于宏观经济的基本观点,认为政府税收的增加会阻碍企业的投资行为,从而损害经济的增长。20世纪70年代,以拉弗为代表的供给学派则给出了有关政府减税行为的最为著名的论述,他们提出"相对价格理论",认为政府的税收会影响经济个体对于消费与投资、闲暇和工作的决策。他们大力主张政府实施减税政策,认为减税可以刺激个人的储蓄、企业的投资和对于劳动力的需求。持类似主张的文献还包括 King 和 Rebelo(1990),Rebelo(1991),Rebelo 和 Stockey(1995),以及 Cashin(1996)和 Barro(1990)等,他们通过将政府的税收政策加入到增长模型中,考察了政府税收的变动对于企业投资和经济增长的影响。这些文献的特点在于并没有直接考察税收政策对于企业行为的影响,而是在论述税负与经济增长的关系中,以企业和个人的行为变动作为考察整体经济福利的基础。

在实践中,大规模且系统性的减税较为少见,多数的减税都直接针对企业的某种特定行为。例如,为了鼓励企业增加研发投资,多数国家都会制定针对企业研发行为的税收优惠措施。直观的逻辑是,针对研发的税收减免政策有可能激励企业增加研发投资,而研发投资的增加又很可能会提高企业的技术创新能力。大量文献从经验角度考察了政府在所得税方面的减税政策对于企业研发投资的影响,研究结论也主要支持税收减免对于企业的研发投入确实可以起到某种程度的刺激作用(Hall,1993;Hines,1994;Baily and Lawrence,1992;Mamuneas and Nadiri,1996)。例如,Bloom 等(2002)的研究表明:即便控制了国家特征世界经济波动以及其他政策性因素,经验证据也表明税收减免将对企业的研发投入产生实质性的影响,10% 的税收减免将导致 1% 左右的短期 R&D 额外投入和 10% 左右的长期 R&D 额外投入。Guellec 和 Van Pottelsberghe(2003)使用 17 个 OECD 国家的数据研究了税收优惠政策的有效性,结果表明,R&D 支出对于税收的价格弹性为负,即税收优惠带来的研发成本的降低促进了 R&D 支出的增长,长期 R&D 价格弹性绝对值大于短期价格弹性,说明税收优惠政策的短期激励效果比较弱,长期激励效果较好,政策含义是税收政策稳定性影响政策绩效。国内学者朱平芳和徐伟民(2003)用 1993~2000 年上海市 32 个行业面板数据,实证研究科技税收减免政策对上海市大中型工业企业自筹的 R&D 投入及其专利产出的影响,结果表明,税收减免这个政策工具对大中型工业企业增加自筹的 R&D 投入具有积极效果,政府拨款资助和税收减免互为补充,提高一个的强度也会增加另一个的效果。不过,值得说明的是,由于数据的缺乏,早期的研究大都从宏观层面分析税收政策对于企业绩效的影响,但是宏观经济周期会同时影响到政府的税收政策和企业的投资,因此时间序列上的企业税负的变化会面临内生性(Hines,1998)。

此外,企业研发投资所带来的技术创新还可能带来技术溢出效应。通过技术创新,企业可以生产出更高品质的产品或是新开发产品,增强其在市场上的竞争力,使企业生产率和盈利水平得以提高。企业研发投资所带来的技术创新还可能带来技术溢出效应,促进其他相关企业和行业的发展。例如,关税税率的下降会显著增加企业的生产率，一方面，由于市场的开放度提高，竞争加剧，一些没有效率的企业将被淘汰，而将市场份额留给更有效率的企业，因此提高了平均的生产率水平；另一方面，出口效应也会提高单个企业的生产率（Helpman and Krugman，1985；Melitz，2003）。实证文献也证实了关税对企业绩效的影响，Nataraj（2011）发现印度关税税率每下降10个百分点，生产率水平会提高3.3%，不过这种效应主要是由小企业带来的。

除了从企业研发投资的角度考察减税政策对于企业绩效的影响外，其他税种的减免对于企业绩效影响的文献并不多见。Chetty和Seaz（2005，2006）考察了美国在2003年实施的股息税减免对于企业行为的影响，发现税收政策的变动极大地影响了企业行为，股息税下降后的12个月内，上市公司的股息派发较之前增加了25%，并主要集中在管理层持股较多的公司。中国于2006年开展了增值税转型的试点，增值税由原来的生产型转变为消费型，这意味着企业购进的固定资产可以获得相应的进项税额抵扣，能够有效地减轻企业的税负。聂辉华等（2009）从固定资产投资、资本劳动比、雇用数量、生产率和研发投入五个方面刻画了企业绩效，基于倍差法的研究发现，将生产型增值税改革为消费型增值税显著地提高了企业的固定资产投资，有利于企业优化产业结构和提高生产率，但是企业生产效率的改进主要是通过购进固定资产来实现的，而不是通过自主技术创新来实现的。

针对企业特定行为的减税，如研发投入的税收减免或者增值税的转型等通常具有明显的政策目的，其对企业行为和绩效的影响也较为直接，受到学者的关注也较多。相比之下，系统性的减税或者无条件的减税对于企业绩效的影响则鲜有文献关注，主要原因在于缺乏相应的政策实践。理论和经验的研究均表明，为了吸引流动性的资本，中国的地方政府会通过违规的税收优惠、税收的先征后返以及减轻税务稽查力度等方式来降低企业的实际税负（Xu，2011；范子英、田彬彬，2013；龙小宁等，2014）。

（二）制度背景

对于中国的财税体制和经济发展而言，1994年所进行的分税制改革是一次重要且影响深远的改革。改革的主要目标是调整中央和地方间的财政收入分配关系，反映在具体实践中，中央政府通过划分税种的方式来与地方政府分享税收收入，以此取代原有的"财政包干"和"分灶吃饭"体制。在分税制下，所有的税种被划分三类，分别是中央税、地方税与中央—地方共享税，其中消费税和中央企业所得税等构成中央税的主体，所得税和营业税构成了地方税的主体，增值税则构成了共享税的主体。从中央政府的角度看，分税制的收入集中效果是明显的，这体现在所谓"两个比重"的变化，即中央财政收入占全国财政收入的比重由1993年的22%迅速提升至1994年的55.7%，而全国财政收入占国民生产总值的比重也持续得到提高。

不仅如此，税收分享机制的变化还伴随着税收征管体制的改革。为了提高征税机构的独立性，保护中央的税源不受地方政府的干扰，特别是防止原有隶属于地方政府的税务机构在征收中央税种时税收努力的不足，中央政府将原有的税收征管系统划分为国税和地税两个完全独立的系统。其中，国家税务系统采取垂直管理的模式，下一级国税局在机构、人员编制、财务和职务任免等方面均由上一级国税局进行管理[①]，与国税局所在的地方政府并不存在隶属关系，因而受到地方政府的干扰较少。而相反，地方税务系统的管理权限则掌握在地方政府的手中，其机构设置和人员编制都由地方政府负责[②]。此外，从公务员的招录流程也能反映两套征管体系的差异，一般而言，报考国税系统的公务员需参加国家公务员统一考试，也即"国考"，而相应报考地税系统的公务员则只需参加各省组织的公务员考试，即"省考"。

在各自的征管范围方面，地税局负责征收地方税，而国税局除了负责征收中央税之外，还负责征管中央—地方共享税。例如，作为我国第一大税种的增值税，中央尽管只分享其中的75%，但国税局却负责征收全部的增值税，之后再通过国库系统将25%的税收收入返还给地方政府。这大大压缩了地方政府利用增值税进行税收竞争的空间，而国税局向上负责的模式大大提高了税收执法效率，不仅有效防止了税收竞争带来的税源流失，还带来了税收收入的高速增长。当然，由于此时企业所得税仍然作为地方税存在，因此尽管丧失了增值税的征管权限，但地区之间基于企业所得税的税收竞争仍然广泛存在。

---

① 在国家税务总局的官方网站上，可以找到很多有关人事任免的信息，http://www.chinatax.gov.cn/n8136506/n8136593/n8137585/n8138637/index.html。
② 参见《国务院办公厅转发国家税务总局关于组建在各地的直属税务机构和地方税务局实施意见的通知》。

不过，上述情形在 2002 年发生了变化。为了使中央政府有充足的财力支持西部大开发的建设，同时也为减少地方政府在税收竞争中造成的所得税征管的损失，在 2002 年，中央推行了新一轮的财税体制改革，将原属于地方政府税种的企业所得税和个人所得税变为中央—地方共享税。具体做法是，中央政府保证各地区 2001 年实际的所得税收入基数基础上，对 2002 年之后各省的所得税增量部分实行分成，其中 2002 年的分成比例为中央地方各 50%，2003 年则调整为中央 60%，地方 40%①。

理论上讲，当一个税种由地方税变为共享税时，其对应的征税机构也应该由地税转移到国税。不过在进行政策设计时，考虑到大量企业信息的搬迁会增加国地税之间的衔接困难，中央政府对企业所得税的征管机构做出了"一刀切"的决定，规定在 2002 年之前成立的老企业仍然在原来的地税局缴纳企业所得税，只有 2002 年后新成立的企业才在国税局缴纳所得税。这意味着，相同类型的企业仅仅因为成立时间的差异而需要面对完全不同的税收征管机构，其中 2002 年之前成立的老企业可以继续获得地方政府税收竞争所带来的税收优惠，而新企业则需要面临税收执法力度更强的国税局。范子英和田彬彬（2013）对两类企业的避税程度进行了研究，发现在税收竞争的影响下，老企业能够更容易的开展逃避税行为。谢贞发和范子英（2015）则从中央税收征管集权的角度进行了补充研究，同样发现中央强化税收征管集权的行为会提高管辖企业的实际税率。

三、研究设计

（一）数据和变量

本章的主要数据来自中国工业企业数据库（1998~2007 年），该数据库由国

---

① 详见《国务院关于印发所得税收入分享改革方案的通知》。

家统计局进行维护，是目前可知的样本量最大的微观层面企业数据库，且已经被广泛用于各领域的研究（聂辉华等，2011）。根据本章的研究需要，我们对样本数据做了如下处理，首先，按照 Brandt 等（2011）的做法将 11 年的截面数据合并为一个面板数据集，依据所调查企业的法人代码、企业名称、地址、电话号码等信息对不同年份间的企业进行识别，再进行组合;[①] 其次，对数据进行了基本的清理，如删除缺少关键变量的观察值、删除明显不符合逻辑关系的观察值、删除销售额明显小于 500 万元的企业、删除了上下各 0.5% 分位数的样本；最后，还对关键变量进行了清理，如删除了应交所得税小于 0 或者实际所得税税率大于 1 的样本。

需要说明的是，本章以企业的成立时间来识别其所对应的税收征管机构，即 2002 年后成立的企业对应国税局，而 2002 年之前成立的企业则对应地税局。但在工业企业数据库中，部分企业的开业年份数据存在不合理的地方，如开业年份在几百年以前，或是开业年份在调查年份之后，对这部分数据本章进行了一些处理：对于开业时间在 10~100 的，我们统一加上 1900，已获得准确的年份；对于开业时间大于调查年份的样本，统一以首次进入样本年份作为企业的开业年份；对于少部分开业年份为 0 的样本，进行删除处理。

此外，样本中有两类企业的征税机构不受成立时间的约束，分别是中央企业和包括港澳台资企业在内的外资企业，由于两类企业的特殊性，其征税机构自 1994 年开始就固定在国税局。最后的样本是 1998~2007 年范围内的观测值共计 1495285 个，其中 2002 年前成立企业的样本数为 314712 个，而 2002 年后的样本数则为 1066779 个。事实上，企业的征税机构在 2009 年进行了新的调整，企业重新按照流转税主体税种决定企业所得税的纳税机构[②]，不过本章的样本范围限定在 1998~2007 年，因此不受后续改革的影响。

我们感兴趣的是，以税收竞争带来的税负减轻为渠道，企业因为隶属于不同的税收征管机构而对企业绩效产生了何种影响。首先，以企业的应交所得税

---

① 简单来说，首先基于企业的法人代码将相同的企业匹配起来，没有匹配上的再用企业的名称来匹配，法人代码和企业名称都没有匹配上的再用企业的法人代表及地区代码、行业代码来匹配，若仍然没有匹配上的最后再用企业的建厂时间、电话号码、所在街道地址和主要产品来匹配。
② 国家税务总局《关于调整新增企业所得税征管范围问题的通知》规定，2009 年起新增企业所得税纳税人中，应缴纳增值税的企业，其企业所得税由国家税务局管理；应缴纳营业税的企业，其企业所得税由地方税务局管理。

与其资产总额的比值来反映企业的实际税负①，比较征税机构的差异带来的企业层面税负差异。其次，在企业行为和绩效的指标上，以企业的固定资产投资和研发投资刻画企业的投资行为，以企业的全要素生产率（TFP）来刻画企业的绩效。按照惯例，以企业当年固定资产数额与上年固定资产数额的差来衡量其新增固定资产投资，以企业的研发密度，即企业研发支出占销售额的比重来衡量其技术创新程度（聂辉华等，2008），当然，为了解决异方差的问题，上述指标均采用自然对数形式。最后，关于企业全要素生产率的度量，主要采用 Olley 和 Pakes（1996）提出的基于一致半参数的方法（简称 OP 方法）来估计企业的全要素生产率，以克服传统方法中出现的内生性和样本选择性偏误问题。考虑 OP 方法的一些局限性，也基于 LP 方法和 GMM 方法测算了企业的全要素生产率，并在稳健性检验中作为替代指标使用。

（二）识别方法

2002 年的所得税分享按照企业的成立时间将企业分别隶属于国税局和地税局，从而外生地改变了企业获得税收优惠的概率，在地税局缴税的企业在地方政府税收竞争的过程中能够获得更多的税收优惠，而这为我们采用断点回归设计（regression discontinuity design，RDD）研究税负减轻与企业绩效的关系提供了良好的制度背景。断点回归方法分为两类，一类是清晰断点回归（Sharp RD），另一类是模糊断点回归（Fuzzy RD）。其中，模糊断点回归的适用背景是，给定某个协变量时，处理状态的概率或者期望值发生不连续的变化。这样，在进行因果识别设计时，不连续性可以作为处理状态的工具变量。在本章的背景中，企业的成立时间以 2002 年 1 月 1 日为界限，左右两侧的样本企业面临更低实际税率水平的概率发生了跳跃，因此我们将基于模糊断点回归（Fuzzy RD）来进行有关企业税负与企业绩效的因果推断。

在现有文献中，基于模糊断点回归的研究设计，Angrist 和 Lavy（1999）利

---

① 采用资产总额而没有采用利润总额进行标准化的理由在于，税收竞争下的税收优惠在税法层面通常是不合规的，因而企业主要以低报利润的方式来减轻税负，地方政府则主要通过降低税收执法力度的方式来实现减轻企业实际税率的目的。这样，以利润总额进行标准化并不能反映企业在税收竞争中获得的税负减轻。

用以色列班级规模的"Maimonides"法则形成的制度断点估计了班级规模对于学生考试成绩的影响，而Klaauw（2002）则考察了针对大学生的奖学金项目如何影响了大学的入学率。以中国的退休制度为背景，雷晓燕等（2010）研究了退休对于健康的影响，而毛捷等（2012）和刘畅等（2015）则基于中国国家级贫困县的制度断点分别考察了贫困县政策对于财政支出结构的影响以及转移支付的"粘蝇纸效应"问题。参考已有研究中的模型设定（Lee and Lemieux，2010；Urquiola and Verhoogen，2009），具体而言，本章将采用以下模型来实施模糊断点回归设计：

$$Tax_{it} = \alpha + \beta Bureau_{it} + f(assigment_{it}) + \gamma X_{it} + \varepsilon_{it} \quad (8-1)$$

$$Y_{it} = \delta + \lambda \widehat{Tax}_{it} + f(assigment_{it}) + \varphi X_{it} + \zeta_{it} \quad (8-2)$$

其中，Y_{it}为反映企业行为和绩效的指标，包括企业的固定资产投资、研发投资和企业全要素生产率等指标；Tax_{it}为企业的应交所得税和资产总额的比值，用以反映企业的实际税负；$\widehat{Tax}_{it}$则为第一阶段回归的被解释变量拟合值，其系数λ是我们所关心的企业税负对于企业绩效的局部平均处理效应（local average treatment effect，LATE）；$Bureau_{it}$是企业所属征税机构的虚拟变量，国税局取值为1，地税局则取值为0，具体取值则由企业的成立时间决定；驱动变量$assigment_{it}$是企业的实际成立时间与2002年之差；$f(assigment_{it})$则是驱动变量的多项式；ε_{it}和ζ_{it}表示残差项；X_{it}为其他控制变量，不过，为了防止控制变量的加入影响断点回归因果推断的一致性（Lee and Lemieux，2010；Nichols，2011），参考Brolloet等（2013）的设定，在基本回归中仅控制了行业、省份和年份的虚拟变量。

表8-1给出了主要变量的描述性统计。在第1列中，报告了各个变量的样本数量，并在第2列和第3列中报告了均值和标准误。除了已经说明的反映税负和企业绩效的变量外，还报告了企业的一些特征变量，如企业规模（用企业的工业销售产值表示）、企业的年龄以及企业的所有制类型等。在第4列中，报告了两类企业（2002年前成立和2002年后成立）的差异，并进行了相应的t检验。从统计描述的结果可以看出，平均而言，2002年后新成立的企业所得税税负更高，而全要素生产率水平则相对较低。此外，新企业的规模更大，私营企业和混合所有制企业的份额也更高，而老企业则更多的由国有企业和集体企业构成。

表 8 – 1　　　　　　　　主要变量描述性统计

变量名	样本数	均值	标准误	Difference（旧企业 – 新企业）
$Open02$（是 2002 年后成立）	1495285	0.210	0.410	—
Tax（实际税负）	1495285	0.015	0.069	–0.004***
$Invest$（固定资产投资）	1062835	6.962	2.095	–0.119***
$R\&D$（研发密度）	626383	0.003	1.012	0.003
TFP（生产率）	1042146	3.005	1.110	0.061***
$Size$（企业规模）	1487906	9.852	1.318	–0.161***
Age（企业年龄）	1495285	11.379	12.055	11.659***
GY（是国有企业）	1495285	0.138	0.344	0.159***
JT（是集体企业）	1495285	0.211	0.407	0.226***
SY（是私营有企业）	1495285	0.443	0.496	–0.346***
HH（是混合企业）	1495285	0.208	0.405	–0.039***

注：*** 表示 1% 显著性水平。

四、实证分析与稳健性检验

（一）断点回归的有效性检验

为了保证因果推断的有效性，断点回归设计的顺利实施需要满足一定的前提条件（Imbens and Lemieux，2008）。首先是检验制度断点附近是否存在样本企业操纵驱动变量的问题，也即驱动变量在制度断点附近是否连续分布。断点回归的系数主要依赖于对断点附近很小范围的领域内局部平均处理效应的估计，因此，如果存在个体对于驱动变量的操纵，那系数的一致性和无偏性将无法得到保障。在本章的背景中，驱动变量是企业的成立时间，因此我们关心的是，是否存在企业主动改变自己的成立时间，以实现主动选择自身所属征税机构的目的。实际上，有关 2002 年所得税分享改革的官方公告是在 2001 年 12 月 31 日才颁布的①，因此从这个角度讲，留给企业进行操纵的时间几乎不存在。同时，从图 8-1 可以看出，企业的成立时间在 2002 年 1 月 1 日附近的分布并不存在明显的断点。进一步的，为了更严格的检验驱动变量在断点附近的连续性，我们还对企业成立时间的分布进行了 McCrary 检验（McCrary，2008），结果表明企业成立时间的分布差异在断点附近并不显著。

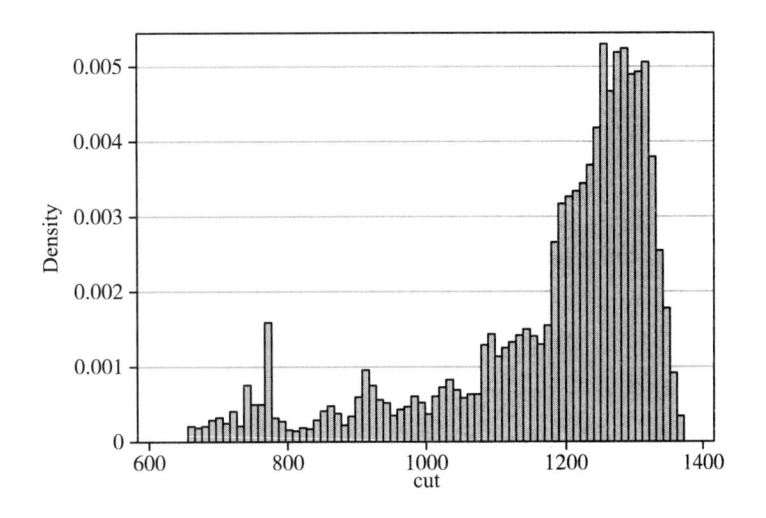

图 8-1　企业成立时间的分布（以月份为单位）

除了要确认驱动变量的连续分布之外，实施模糊断点回归还要求存在一个真实有效的一阶段。按照企业的成立时间，图 8-2 和图 8-3 分别基于前后

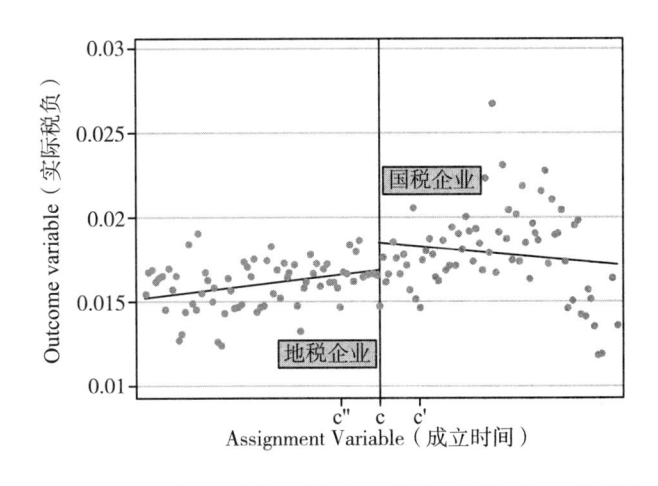

图 8-2　断点两侧企业的实际税负（前后 72 个月）

---

① 详见《国务院关于印发所得税收入分享改革方案的通知》。

72 个月和前后 12 个月的数据展示了企业平均实际税负的变化,可以看到,在本章的制度断点附近,两类企业的实际税负呈现明显的跳跃,表明模糊断点回归的运用是可行的。

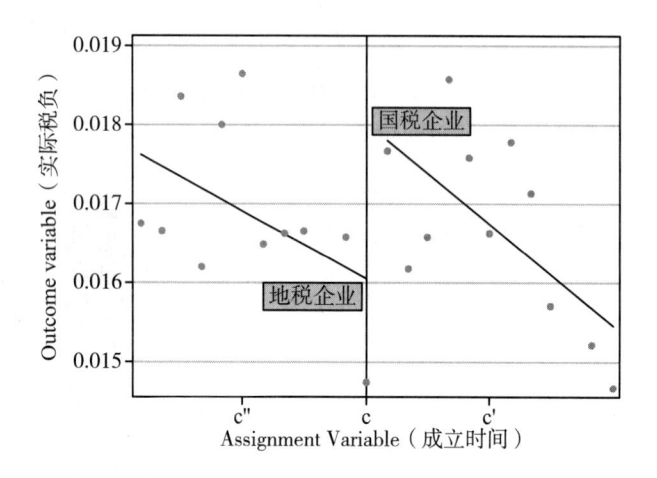

图 8-3　断点两侧企业的实际税负（前后 12 个月）

（二）基本回归结果

为了与断点回归的结果进行比较,首先报告基于最小二乘法（OLS）的回归结果,并同样只控制了行业、省份与年份的固定效应。如表 8-2 所示,分别以企业的固定资产投资、研发密度和全要素生产率来捕捉企业行为和绩效的变化,以企业的实际税负为解释变量进行回归。同时,在样本范围的控制上,为了使系数具有可比性,参照断点回归的思路,逐步从断点两侧扩大样本企业的范围,分别是改革前后 6 个月、12 个月和 18 个月范围内成立的企业。从回归结果来看,企业的投资行为对于税负的变化较为敏感,税负的减轻会导致企业增加固定资产投资和提高研发投入在销售收入中的占比,而且从系数的变化来看,随着企业成立时间的差异越小,系数的绝对值也在提高。但投资行为的变化却并没有体现在企业的生产率维度上,在不同的样本范围下,全要素生产率的系数尽管为正,但在统计上均不显著。不过,正如前文指出的,基于 OLS 回归的结果存在严重的内生性问题,一般而言,企业的固定资产投资规模越大,越可能成为地方政府竞争的对象,进而能获得更多的税收优惠和较低的实际税负。反向因果关系的存在一方面可能高估企业税负对于企业投资行为的影响,并进而影响企业绩效系数的可信度。

表8-2　　　　企业税负对企业行为和绩效的影响——OLS 结果

被解释变量	固定资产投资			研发密度			全要素生产率		
	(1)	(2)	(3)	(4)	(5)	(6)	(7)	(8)	(9)
样本范围	±6	±12	±18	±6	±12	±18	±6	±12	±18
企业实际税负	-1.824*** (0.31)	-1.643*** (0.229)	-1.706*** (0.019)	-2.581** (1.18)	-1.96** (0.92)	-1.31* (0.71)	1.73 (1.63)	1.884 (1.45)	1.957 (1.38)
行业固定效应	Y	Y	Y	Y	Y	Y	Y	Y	Y
省份固定效应	Y	Y	Y	Y	Y	Y	Y	Y	Y
年份固定效应	Y	Y	Y	Y	Y	Y	Y	Y	Y
观测值	36296	67849	100655	5823	10798	15990	85423	159542	236939
R^2	0.017	0.013	0.013	0.012	0.008	0.012	0.224	0.235	0.234

注:***、**和*分别表示1%、5%和10%显著性水平。

表8-3报告了基于模糊断点回归设计的回归结果。以2002年的所得税分享改革为制度断点,以企业的成立时间作为驱动变量,在回归中对断点回归带宽进行了手动的设定,这与现有的大多数文献做法一致。理论上,在断点附近很小范围内成立的企业异质性较小,在排除了企业操纵成立时间的情况下,断点两侧企业在行为和绩效上的差异可以完全归结为税收竞争带来的企业税负的变化。从表8-3的研究结论来看,与大多数的理论研究结论一致,较低的税负促进了企业的固定资产投资,从断点前后18个月范围内成立的企业比较来看,平均而言,实际税负每降低一个单位,企业的固定资产会增加6.6%,并且这一效应随着企业成立范围的缩小而逐步扩大,当企业成立时间限定在断点前后6个月以内时,企业的固定资产投资会提升13%。尽管如此,上述系数仍然远远小于基于 OLS 回归的系数,这表明内生性的存在严重高估了税负的减轻对于企业固定资产的促进作用。此外,固定资产投资的增加还带来了企业生产率水平的提升,但与 OLS 的回归结果不同,税负的变化并没有导致企

业研发密度的显著提升。对此，一种合理的解释是，在本章样本年限内的1998~2007年，中国经济的增长主要呈现出粗放型的增长模式，企业层面的创新和研发投入都很少。在本章的样本中，从事研发活动的企业数量也非常少，平均不到10%。据聂辉华（2013）的统计，中国制造业企业的平均研发密度大约为0.17%，与世界平均水平相差近20倍。这也直接决定了当企业的税负得到减轻时，增加固定资产的投资而不是研发投入才是企业的首要选择。

表8-3　　企业税负对企业行为和绩效的影响——Fuzzy RD回归结果

被解释变量	固定资产投资			研发密度			全要素生产率		
	(1)	(2)	(3)	(4)	(5)	(6)	(7)	(8)	(9)
样本范围	±6	±12	±18	±6	±12	±18	±6	±12	±18
企业实际税负	-0.131*** (0.035)	-0.081** (0.04)	-0.066** (0.028)	-0.116 (0.081)	-0.142 (0.118)	-0.049 (0.066)	-0.041** (0.02)	-0.05** (0.025)	-0.031** (0.014)
行业固定效应	Y	Y	Y	Y	Y	Y	Y	Y	Y
省份固定效应	Y	Y	Y	Y	Y	Y	Y	Y	Y
年份固定效应	Y	Y	Y	Y	Y	Y	Y	Y	Y
观测值	36296	67849	100655	5823	10798	15990	85423	159542	236939

注：***、**分别表示1%、5%显著性水平。

（三）稳健性检验

断点回归的设计对于模型的设定有较为严格的要求。在一些情况下，回归结果的显著性严格来源于模型的某种特殊设定，从而使结论变得不可信。在这其中，带宽的选择和驱动变量多项式的选择是两个较为关键的设定（Lee and Lemieux，2010；Angrist and Pischke，2009）。一般而言，带宽越小，对于跳跃的识别就会越准确。在本章的基本回归中，出于样本量和最优带宽的考虑，选择的带宽分别是6个月、12个月和18个月，不过从图8-3的趋势来看，企业实际税负的跳跃在大约8个月时就表现得不太明显。因此，为了检验结果的稳健性，在基本回归的基础上进一步将带宽缩小为 3 个月、4 个月和 5 个月。与此同时，在基本回归中，采用的是驱动变量的一阶多项式，尽管 Angrist 和 Pischke（2009）的研究建议当样本量有限时，可以采取尽量低阶的多项式，但出于稳健的考虑，在缩短带宽进行回归的同时，也采用二阶多项式进行控制。表 8-4 给出了调整之后的断点回归结果，可以看到，带宽和驱动变量多项式的选择并没有基本回归结论产生大的影响，各项系数及显著性与之前并无太大的差别，表明我们的基本回归结果具有较强的稳健性。

表 8-4　　　　　　　稳健性检验一：带宽的调整

被解释变量	固定资产投资			研发密度			全要素生产率		
	(1)	(2)	(3)	(4)	(5)	(6)	(7)	(8)	(9)
样本范围	±3	±4	±5	±3	±4	±5	±3	±4	±5
企业实际税负	-0.181** (0.084)	-0.11*** (0.45)	-0.144** (0.07)	-0.016 (0.204)	-0.139 (0.155)	-0.119 (0.131)	-0.058*** (0.02)	-0.042*** (0.013)	-0.022** (0.01)
行业固定效应	Y	Y	Y	Y	Y	Y	Y	Y	Y
省份固定效应	Y	Y	Y	Y	Y	Y	Y	Y	Y
年份固定效应	Y	Y	Y	Y	Y	Y	Y	Y	Y
观测值	14761	21003	26751	2532	3550	4381	35862	50716	64549

注：***、** 分别表示 1%、5% 显著性水平。

五、结论与建议

为了提升本地区的经济总量和最大化本地财政收入，中国的地方政府会在实际税率维度展开朝底的竞赛，以达到吸引流动性税基的目的，这在一定程度上降低了辖区内企业的实际税负。基于 1998～2007 年中国工业企业微观数据，本章采用模糊断点回归的方法考察了上述企业税负的降低对于企业行为和绩效的影响。研究表明，在企业成立时间的维度上，企业的实际税负在 2002 年后存在明显的向上跳跃趋势。进一步的研究发现，实际税负降低之后，企业的首要选择是增加固定资产投资，而不是研发投资。当企业成立时间限定在断点前后 6 个月以内时，税负每降低一个单位，企业的固定资产投资会提升 13% 左右，并进而带来了企业全要素生产率水平的提升。

本章的研究从微观上证实了中国地方政府对于企业"援助之手"的存在，同时也对我国当前的税制改革带来了重要的启示。目前，我国正处在结构性减税的背景之下，包括"营改增"在内的众多结构性减税措施力求降低企业的实际税负，以提升微观经济的活力，但在税制征管体制方面，地方政府的税收征管权有进一步被压缩的趋势。本章的研究表明，由于中央垂直管理的征税机构不存在税收竞争的激励，因此，税收征管的集权会导致实际有效税率的提高，从而降低其他结构性减税的政策效应。

参考文献

[1] 白重恩、王鑫、钟笑寒：《出口退税政策调整对中国出口影响的实证分析》，载《经济学（季刊）》，2011年第3期。

[2] 白胜玲、崔霞：《出口退税对我国出口贸易的影响：基于主要贸易国的实证分析》，载《税务研究》，2009年第9期。

[3] 陈平、黄健梅：《我国出口退税效应分析：理论与实证》，载《管理世界》，2003年第12期。

[4] 陈晓光：《增值税有效税率差异与效率损失——兼议对"营改增"的启示》，载《中国社会科学》，2013年第8期。

[5] 陈钊、王旸：《"营改增"是否促进了分工：来自中国上市公司的证据》，载《管理世界》，2016年第3期。

[6] 蔡昉：《人口转变、人口红利与刘易斯转折点》，载《经济研究》，2010年第4期。

[7] 曹春方、陈露兰、张婷婷：《"法律的名义"：司法独立性提升与公司违规》，载《金融研究》，2017年第5期。

[8] 曹书军、刘星、张婉君：《财政分权、地方政府竞争与上市公司实际税负》，载《世界经济》，2009年第4期，第69~83页。

[9] 曹广忠、袁飞、陶然：《土地财政、产业结构演变和税收超常规增长：中国"税收增长之谜"的一个分析视角》，载《中国工业经济》，2007年第12期。

[10] 陈刚、李树：《司法独立与市场分割——以法官异地交流为实验的研究》，载《经济研究》，2013年第9期。

[11] 陈刚：《法官异地交流与司法效率——来自高院院长的经验证据》，载《经济学（季刊）》，2012年第4期。

[12] 陈硕：《转型期中国的犯罪治理：堵还是疏？》，载《经济学（季刊）》，2012年第11卷第2期。

［13］陈平路、邓保生:《试析心理经济学框架个人税收行为遵从》,载《税务研究》,2011年第2期。

［14］陈艳艳、罗党论:《地方官员更替与企业投资》,载《经济研究》,2012年第2期。

［15］崔兴芳、樊勇、吕冰洋:《税收征管效率提高测算及对税收增长的影响》,载《税务研究》,2006年第4期。

［16］邓文勇:《改革开放三十年我国税收征管制度改革与评价》,载《湖南社会科学》,2008年第4期。

［17］丁守海:《最低工资管制的就业效应分析——兼论《劳动合同法》的交互影响》,载《中国社会科学》,2010年第1期,第85~102页。

［18］邓曲恒:《最低工资政策对企业利润率的影响》,载《劳动经济研究》,2015年第3期,第70~88页。

［19］范子英、田彬彬:《税收执法、税收竞争与企业避税》,载《经济研究》,2013年第9期。

［20］范子英、田彬彬:《政企合谋与企业逃税——来自国税局长异地交流的证据》,载《经济学(季刊)》,2016年第4期。

［21］范子英、彭飞:《"营改增"的减税效应和分工效应:基于产业互联的视角》,载《经济研究》,2017年第2期。

［22］郭杰、李涛:《中国地方政府间税收竞争研究——基于中国省级面板数据的经验证据》,载《管理世界》,2009年第11期。

［23］高培勇:《中国税收持续高增长之谜》,载《经济研究》,2006年第12期。

［24］郭峰、石庆玲:《官员更替、合谋震慑与空气质量的临时性改善》,载《经济研究》,2017年第7期。

［25］谷成:《基于税收遵从的道德思考》,载《税务研究》,2012年第9期。

［26］郭庆旺、吕冰洋:《经济增长与产业结构调整对税收增长的影响》,载《涉外税务》,2004年第9期。

［27］巩富文:《中国古代法官的回避制度》,载《政治与法律》,1991年第2期。

［28］黄玖立、李坤望：《吃喝、腐败与企业订单》，载《经济研究》，2013年第6期。

［29］胡祖铨、黄夏岚、刘怡：《中央对地方转移支付与地方政府征税努力》，载《经济学（季刊）》，2013年第4期。

［30］贾莎：《税收"超速增长"之谜：基于产业结构变迁的视角》，载《财政研究》，2012年第3期。

［31］贾朋、张世伟：《最低工资提升的劳动供给效应：一个基于自然实验的经验研究》，载《南方经济》，2013年第1期。

［32］贾朋、张世伟：《最低工资标准提升的溢出效应》，载《统计研究》，2013年第4期。

［33］金智：《官员异地交流、政绩诉求与公司会计政策选择》，载《会计研究》，2013年。

［34］蒋灵多、陆毅：《最低工资标准能否抑制新僵尸企业的形成》，载《中国工业经济》，2017年第11期。

［35］李林军：《税源专业化管理与深化征管改革的思考》，载《中国税务》，2012年第7期。

［36］李建军：《税收征管是税收收入高速增长的原因吗》，载《税务研究》，2013年第2期。

［37］李捷瑜、黄宇丰：《转型经济中的贿赂与企业增长》，载《经济学（季刊）》，2010年第4期。

［38］李明、毛捷、杨志勇等：《纵向竞争、税权配置与中国财政收入占比变化》，载《管理世界》，2014年第5期。

［39］李成、张玉霞：《中国"营改增"改革的政策效应：基于双重差分模型的检验》，载《财政研究》，2015年第2期。

［40］楼继伟：《扎实推进"营改增"不断释放改革红利》，载《人民日报》2013年8月1日第010版。

［41］刘书瀚、张瑞、刘立霞：《中国生产性服务业和制造业的产业关联分析》，载《南开经济研究》，2010年第6期。

［42］刘金东、冯经纶：《中国税收超GDP增长的因素分解研究——基于Divisia指数分解方法》，载《财经研究》，2014年第2期。

[43] 罗党论、魏翥：《政治关联与民营企业避税行为研究——来自中国上市公司的经验证据》，载《南方经济》，2012 年第 11 期。

[44] 刘怡、刘维刚：《税收分享对于地方征税努力的影响——基于全国县级面板数据的研究》，载《财政研究》，2015 年第 3 期。

[45] 吕冰洋、郭庆旺：《中国税收高速增长的源泉年税收能力和税收努力框架下的解释》，载《中国社会科学》，2011 年第 2 期。

[46] 吕冰洋、李峰年：《中国税收超 GDP 增长之谜的实证解释》，载《财贸经济》，2007 年第 3 期。

[47] 吕冰洋：《政府间税收分权的配置选择和财政影响》，载《经济研究》，2009 年第 6 期。

[48] 吕冰洋：《从分税到分成年分税制的演进与改革》，载《中国财政》，2014 年第 1 期。

[49] 李维安、徐业坤：《政治身份的避税效应》，载《金融研究》，2013 年第 3 期。

[50] 李元旭、宋渊洋：《地方政府通过所得税优惠保护本地企业吗？来自中国上市公司的经验证据》，载《中国工业经济》，2011 年第 5 期。

[51] 李永友、沈坤荣：《辖区间竞争、策略性财政政策与 FDI 增长绩效的区域特征》，载《经济研究》，2008 年第 5 期。

[52] 李方旺：《2000—2005 年我国税收收入增长的数量特征与新一轮税制改革》，载《税务研究》，2006 年第 8 期。

[53] 龙小宁、朱艳丽、蔡伟贤、李少民：《基于空间伎俩模型的中国县级政府间税收竞争的实证分析》，载《经济研究》，2014 年第 8 期。

[54] 梁上坤、陈冬华：《银行贷款决策中的私人效用攫取——基于业务招待费的实证研究》，载《中国工业经济》，2017 年第 11 期。

[55] 刘畅、马光荣：《财政转移支付会产生"粘蝇纸效应"吗？——来自断点回归的新证据》，载《经济学报》，2015 年第 2 卷第 1 期。

[56] 雷晓燕、谭力、赵耀辉：《退休会影响健康吗？》，载《经济学（季刊）》，2010 年第 9 卷第 4 期。

[57] 马光荣、李力行：《政府规模、地方治理与逃税》，载《世界经济》，2012 年第 6 期。

[58] 马双、张劼、朱喜：《最低工资对中国就业和工资水平的影响》，载《经济研究》，2012年第5期。

[59] 马双、甘犁：《最低工资对企业在职培训的影响分析》，载《经济学（季刊）》，2014年第1期。

[60] 毛捷、汪德华、白重恩：《扶贫与地方政府公共支出》，载《经济学（季刊）》，2012年第4期。

[61] 聂辉华、方明月、李涛：《增值税转型对企业行为和绩效的影响——以东北地区为例》，载《管理世界》，2009年第5期。

[62] 聂辉华、谭松涛、王宇锋：《创新、企业规模与市场竞争——基于中国企业层面面板数据的分析》，载《世界经济》，2008年第7期。

[63] 聂辉华、贾瑞雪：《中国制造业企业生产率与资源误置》，载《世界经济》，2011年第7期。

[64] 聂辉华、张彧、江艇：《中国地区腐败对企业全要素生产率的影响》，载《中国软科学》，2014年第5期。

[65] 聂辉华、蒋敏杰：《政企合谋与矿难年来自中国省际面板数据的证据》，载《经济研究》，2011年第6期。

[66] 聂辉华、李翘楚：《中国高房价的新政治经济学解释——以"政企合谋"为视角》，载《教学与研究》，2013年第1期。

[67] 聂辉华：《政企合谋与经济增长年反思中国模式》，中国人民大学出版社2013年版。

[68] 潘文轩：《税制"营改增"改革试点的进展、问题及前瞻》，载《现代经济探讨》，2012年第12期。

[69] 潘雷驰：《"可税与否"为改变我国GDP与税收的基本关系——基于1978~2005年数据的实证检验》，载《财经研究》，2007年第7期。

[70] 平新乔：《关注民企劳资关系》，载《中国改革》，2005年第4期。

[71] 申广军、陈斌开、杨汝岱：《减税能否提振中国经济？——基于中国增值税改革的实证研究》，载《经济研究》，2016年第11期。

[72] 沈坤荣、付文林：《税收竞争、地区博弈及其增长绩效》，载《经济研究》，2006年第6期。

[73] 苏月中、郭驰：《纳税遵从行为的实证研究》，载《税务研究》，2007

年第 6 期。

[74] 孙哲：《我国税收征收管理成本研究》，东北财经大学博士学位论文，2012 年。

[75] 孙楚仁、张卡、章韬：《最低工资一定会减少企业的出口吗?》，载《世界经济》，2013 年第 8 期。

[76] 孙中伟、舒玢玢：《最低工资标准与农民工工资——基于珠三角的实证研究》，载《管理世界》，2011 年第 8 期。

[77] 孙楚仁、田国强、章韬：《最低工资标准与中国企业的出口行为》，载《经济研究》，2013 年第 2 期。

[78] 田志伟、胡怡建：《"营改增"对各行业税负影响的动态分析——基于 CGE 模型的分析》，载《财经论丛》，2013 年第 4 期。

[79] 田彬彬、范子英：《纪委独立性对反腐败力度的影响——来自省纪委书记异地交流的证据》，载《经济社会体制比较》，2016 年第 5 期。

[80] 汤玉刚、苑程浩：《不完全税权、政府竞争与税收增长》，载《经济学（季刊）》，2010 年第 1 期。

[81] 汪小勤、曾瑜：《增值税转型对我国出口二元边际的影响——基于引力模型的实证分析》，载《经济经纬》，2016 年第 6 期。

[82] 王艺明、刘志红、郑东：2016 年《"营改增"的进出口效应分解：理论与实证研究》，载《经济学家》第 2 期。

[83] 王新红、云佳：2014 年《"营改增"对交通运输业上市公司流转类税负及业绩的影响研究》，载《税务与经济》第 6 期。

[84] 王剑锋：《中央集权型税收高增长路径：理论与实证分析》，载《管理世界》，2008 年第 7 期。

[85] 王永明、宋艳伟：《地方政企合谋与信贷资源配置》，载《广东金融学院学报》，2010 年第 5 期。

[86] 王孝松、李坤望、包群、谢申祥：《出口退税的政策效果评估年来自中国纺织品对美出口的经验证据》，载《世界经济》，2010 年第 4 期。

[87] 王绍光：《分权的底线》，中国计划出版社 1997 年版。

[88] 王剑锋：《中央集权型税收高增长路径理论与实证分析》，载《管理世界》，2008 年第 7 期。

[89] 万莹：《中国出口退税政策绩效的实证分析》，载《经济评论》，2007年第4期。

[90] 王长勇：《税收管理员制度应该取消》，载《新世纪周刊》，2012年。

[91] 王绍光：《国家汲取能力的建设——中华人民共和国初期的经验》，载《中国社会科学》，2002年第1期。

[92] 王志刚：《中国税收收入高速增长的可持续性分析》，载《税务研究》，2007年第3期。

[93] 魏下海、董志强、金钊：《腐败与企业生命力年寻租和抽租影响开工率的经验研究》，载《世界经济》，2015年第1期。

[94] 吴文峰、吴冲锋、芮萌：《中国上市公司高管的政府背景与税收优惠》，载《管理世界》，2009年第3期。

[95] 谢建国、陈莉莉：《出口退税与中国的工业制成品出口：一个基于长期均衡的经验分析》，载《世界经济》，2008年第5期。

[96] 谢贞发、范子英：《中国式分税制、中央税收征管权集中与税收竞争》，载《经济研究》，2015年第4期。

[97] 徐建炜、邹静娴、毛捷：《提高最低工资会拉升产品价格吗》，载《管理世界》，2017年第12期。

[98] 袁从帅、刘晔、王治华、刘睿智：《"营改增"对企业投资、研发及劳动雇佣的影响——基于中国上市公司双重差分模型的分析》，载《中国经济问题》，2015年第4期。

[99] 余淼杰：《加工贸易、企业生产率和关税减免——来自中国产品面的证据》，载《经济学（季刊）》，2011年第4期。

[100] 姚洋、张牧扬：《官员绩效与晋升锦标赛——来自城市数据的证据》，载《经济研究》，2013年第1期。

[101] 叶林祥、T. H. Gindling、李实、熊亮：《中国企业对最低工资政策的遵守——基于中国六省市企业与员工匹配数据的经验研究》，载《经济研究》，2015年第6期。

[102] 徐现祥、王贤彬、舒元：《地方官员与经济增长——来自中国省长、省委书记交流的证据》，载《经济研究》，2007年第9期。

[103] 徐正云：《我国地下经济规模测量研究》，载《武汉理工大学学报》，

2009 年第 11 期。

[104] 谢贞发：《中国式分税制的税收增长之谜》，载《中国工业经济》，2016 年第 5 期。

[105] 杨海生、罗党论、陈少凌：《资源禀赋、官员交流与经济增长》，载《管理世界》，2010 年第 5 期。

[106] 杨汝岱：《中国制造业企业全要素生产率研究》，载《经济研究》，2015 年第 2 期。

[107] 杨得前：《司法廉洁、安全与税收道德》，载《税务与经济》，2008 年第 2 期。

[108] 尹振东：《垂直管理与属地管理：行政管理体制的选择》，载《经济研究》，2011 年第 4 期。

[109] 张军、高远：《官员任期、异地交流与经济增长——来自省级经验的证据》，载《经济研究》，2007 年第 11 期。

[110] 张莉、徐现祥、王贤彬：《地方官员合谋与土地违法》，载《世界经济》，2011 年第 3 期。

[111] 张杰、郑文平：《政府补贴如何影响中国企业出口的二元边际》，载《世界经济》，2015 年第 6 期。

[112] 张文春：《全球性税制变化的趋势分析》，载《中国人民大学学报》，2015 年第 6 期。

[113] 张军、高远：《官员任期、异地交流与经济增长——来自省级经验的证据》，载《经济研究》，2007 年第 11 期。

[114] 张宇麟、吕旺弟：《我国省际间税收竞争的实证分析》，载《税务研究》，2009 年第 6 期。

[115] 张建湘、黄国南：《浅谈取消税务专管员管户制度》，载《湖南经济》，1994 年第 10 期。

[116] 周黎安：《晋升博弈中政府官员的激励与合作》，载《经济研究》，2004 年第 6 期。

[117] 周黎安：《中国地方官员的晋升锦标赛模式研究》，载《经济研究》，2007 年第 7 期。

[118] 周黎安、刘冲、厉行：《税收努力、征税机构与税收增长之谜》，载

《经济学（季刊）》，2011 年第 1 期。

［119］赵小剑：《所得税改革玄机》，载《财经》，2003 年第 2 期。

［120］张五常：《最低工资种祸根》，载《南方周末》，2000 年 11 月 15 日。

［121］赵瑞丽、孙楚仁、陈勇兵：《最低工资与企业出口持续时间》，载《世界经济》，2016 年第 7 期。

［122］周飞舟：《分税制十年：制度及其影响》，载《中国社会科学》，2006 年第 6 期。

［123］周飞舟：《生财有道：土地开发和转让中得政府和农民》，载《社会学研究》，2007 年第 1 期。

［124］周飞舟：《大兴土木：土地财政与地方政府行为》，载《经济社会体制比较》，2010 年第 3 期。

［125］朱平芳、徐伟明：《政府的科技激励政策对大中型工业企业 R&D 投入及其专利产出的影响——上海市的实证研究》，载《经济研究》，2003 年第 6 期。

［126］Acemoglu, D. and S. Johnson, "Unbundling Institutions", Journal of Political Economy, 2005, 113 (5), 949 – 995.

［127］Allingham, M. and A. Sandmo, "Income Tax Evasion：A Theoretical Analysis", Journal of Public Economics, 1972, (1)：323 – 338.

［128］Ajaz, T. and E. Ahmad, "The Effect of Corruption and Governance on Tax Revenues", Pakistan Development Review, 2010, 49 (4)：405 – 417.

［129］Alm, J. and B. Torgler, "Culture Differences and Tax Morale in The U-nited States and in Europe", Journal of Economic Psychology, 2006, 27 (2)：224 – 246.

［130］Alm J., J. Martinez-Vazque, B. Torgler, "Russian Attitudes toward Paying Taxes-before, during, and after the Transition", International Journal of Social Economics, 2006, 33 (12)：832 – 857.

［131］Angrist, J. D. and J. Pischke, "Mostly Harmless Econometrics：An Empiricist's Companion", New Jersey：Princeton University, 2008.

［132］Angrist, J. and V. Lavy, "using Maimonides' Rule to Estimate the Effect of Class Size on Scholastic Achievement", The Quarterly Journal of Economics, 1999 (114)：533 – 575.

[133] Bahl, R., "A Regression Approach to Tax Effort and Tax Ratio Analysis", IMF Staff Papers, 1971, Vol. 18: 570 – 612.

[134] Benedek, D., E. Crivelli, S. Gupta and P. S. Muthoora, "Foreign Aid and Revenue: Still a Crowding Out Effect?", IMF Working Paper, 2012, 70 (1).

[135] Barone, G. and S. Mocetti, "Tax morale and public spending inefficiency", 2009.

[136] Barro, R. and X. Sala-i-Martin, "Economic Growth and Convergence across the United State", NBER Working 1990: 3419.

[137] Bird, R. M., J. Martinez-Vazquez and B. Torgler, "Societal Institutions and Tax Effort in Developing Countries", International Studies Program Working 2004: 04 – 06.

[138] Blanchard, O. and A. Shleifer, "Federalism with and without Polical Centralization: China versus Russia", NBER Working 2000: 7676.

[139] Bahl, R., "A Representative Tax System Approach to Measuring Tax Effort in Developing Countries", IMF Staff Papers, 1972, Vol. 19, pp. 87 – 124.

[140] Besley, T. and T. Persson, "Public Finance and Development", Draft Chapter for the Handbook of Public Economics, 2012.

[141] Beck, P. and M. Maher, "A Comparison of Bribery and Bidding in Thin Markets", Economics Letters, 1986, 20 (1), 1 – 5.

[142] Benjamini, Y. and S. Maital, "Optimal Tax Evasion and Optimal Tax Evasion Policy: Behavioral Aspects, W. Gaertner, A. Wenig (ed.) The Economics of the Shadow Economy, SpringerVerlag, Berlin, 1985.

[143] Brollo, F., T. Nannicini, R. Perotti, "The Political Resource Curse", The American Economic Review, 2013, 103 (5): 1759 – 1796.

[144] Brandt, Loren, Johannes Van Biesebroeck, Yifan Zhang, "Creative Accounting or Creative Destruction? Firm-level Productivity Growth in Chinese Manufacturing", Journal of Development Economics, 2011, 97 (2): 339 – 351.

[145] Bester H. and R. Strausz, "Contracting with Imperfect Commitment and the Revelation Principle: The Single Agent Case", Econometrica, 2001, Vol. 69,

pp. 1077 – 1098.

[146] Brandt L., T. Tombe and X. Zhu, "Factor Market Distortions Across Time, Space and Sectors in China", NBER working paper, 2011: 20.

[147] Bosco, L. and L. Mittone, "Tax Evasion and Moral Constraints: Some Experimental Evidence", Kyklos, 1997, 50 (3): 297 – 324.

[148] Bloom, N., R. Griffith and J. V. Reenen, "Do R&D Tax Credits Work? Evidence from a Panel of Countries 1979 – 1997", Journal of Public Economics, 2002, 85 (1): 1 – 31.

[149] Baily, M. and R. Z. Lawrence, "Tax Incentives for R&D: What Do the Data Tell Us?", Council on Research and Technology, 1992.

[150] Cai, H., H. Fang and L. Xu, "Eat, Drink, Firms, Government: An Investigation of Corruption from the Entertainment and Travel Costs of Chinese Firms", The Journal of Law and Economics, 2011, 54 (1): 55 – 78.

[151] Cai, Hongbin, D. Treisman, "State Corroding Federalism", Journal of Public Economics, 2004, Vol. 88: 819 – 843.

[152] Chen, Shawn Xiaoguang, "The Effect of a Fiscal Squeeze on Tax Enforcement: Evidence from a Natural Experiment in China." Journal of Public Economics, 2017, 147 (3): 62 – 76.

[153] Cai, H., Q. Liu and G. Xiao, "Does Competition Encourage Unethical Behavior? The Case of Corporate Profit Hiding in China", SSRN working paper, 2005.

[154] Cai, H. and Q. Liu, "Competition and Corporate Tax Avoidance: Evidence from Chinese Industrial Firms", Economic Journal, 2009, 119 (537): 764 – 795.

[155] Cashin, P. and R. Sahay, "InternalMigration, Center-State Grants, and Economic Growth in the States of India", Staff Papers, 1996, 43 (1): 123 – 171.

[156] Chu, C., "A Model of Income Tax Evasion With Venal Tax Officials: The Case of Taiwan", Public Finance, 1990, 45 (2): 392 – 408.

[157] Cowell, F. A., "Taxation and Labour Supply with Risky Activities", Economica, 1981, 48 (192): 365 – 379.

[158] Cummings, R. G, J. Martinez-Vazquez, M. McKee, et al, "Tax Mo-

rale Affects Tax Compliance: Evidence from Surveys and an Artefactual Field Experiment", Journal of Economic Behavior & Organization, 2009, 70 (3): 447 – 457.

[159] Chander, P. and L. Wilde, "Corruption in Tax Administration", Journal of Public Economics, 1992, 49 (3): 333 – 349.

[160] Chaudhry, I. S. and F. Munir, "Determinants of Low Tax Revenue in Pakistan", Pakistan Journal of Social Sciences, 2010, 30 (2): 439 – 452.

[161] Card, D. and A. B. Krueger, "Minimum Wages and Employment: A Case Study of the Fast – Food Industry in New Jersey and Pennsylvania", The American Economic Review, 1994, 48 (4): 772 – 793.

[162] Claessens, S. and L. Laeven, "Financial Development, Property Rights, and Growth", Journal of Finance, 2003, 58 (6): 2401 – 2436.

[163] Cross, R. and G. Shaw, "The Evasion – Avoidance Choice: A Suggested Approach", National Tax Journal, 1982, 34: 489 – 491.

[164] Cai, Hongbin and D. Treisman, "State Corroding Federalism", Journal of Public Economics, 2004, 88 (3): 819 – 843.

[165] Cremer, H. and F. Gahvari, "Tax Competition and Tax Evasion", Nordic Journal of Political Economy, 1997, 24 (2): 89 – 104.

[166] Chao, C., W. Chou, and E. Yu, "Export Duty Rebates and Export Performance: Theory and China's Experience", Journal of Comparative Economics, 2001, 29 (2): 314 – 326.

[167] Chetty, R. and E Saez, "Dividend Taxes and Corporate Behavior: Evidence from the 2003 Dividend Tax Cut", Quarterly Journal of Economics, 2005, 120 (3): 791 – 833.

[168] Chetty, R. and E Saez, "The Effects of the 2003 Dividend Taxes Cut on Corporate Behavior: Interpreting the Evidence", The American Economic Review, 2006, 96 (2): 124 – 129.

[169] Chen, C., C. Mai, and H. Yu, "The Effect of Export Tax Rebates on Export Performance: Theory and Evidence from China", China Economic Review, 2006, 17 (2): 226 – 235.

[170] Cialdini, R. B. and M. R. Trost, "Social Influence: Social Norms,

Conformity and Compliance", 1998: 151-192.

[171] Card, D., "Do Minimum Wages Reduce Employment? A Case Study of California, 1987-1989", Industrial and Labor Relations Review, 1992, 46 (1): 38-54.

[172] DeBacker, J., B. T. Heim and A. Tran, "Importing Corruption Culture from Overseas: Evidence from Corporate Tax Evasion in the United States", Journal of Financial Economics, 2015, 117 (1): 122-138.

[173] Desai, M., "The Degradation of Reported Corporate Profit", Journal of Economic Perspectives, 2005, 19 (1): 171-192.

[174] Desai, M. and D. Dharmapala, "Corporate Tax Avoidance and High Powered Incentives", Journal of Financial Economics, 2006, 79 (1): 145-179.

[175] Desai, M., A. Dyck and L. Zingales, "Theft and Taxes", Journal of Financial Economics, 2007, 84 (3): 591-623.

[176] Draca, M., S. Machin, J. V. Reenen, "Minimum Wages and Firm Profitability", American Economic Journal Applied Economics, 2011, 3 (1): 129-151.

[177] Derashid, C. and H. Zhang, "Effective Tax Rates and the 'Industrial Policy' Hypothesis: Evidence From Malaysia", Journal of International Accounting, Auditing & Taxation, 2003, 12 (1): 45-62.

[178] Dhaliwal, D., O. Li, A. Tsangand Y. Yang, "Voluntary Nonfinancial Disclosure and the Cost ofEquity Capital: The Initiation of Corporate Social Responsibility Reporting", The Accounting Review, 2011, 86 (1): 59-100.

[179] Dulleck, U., J. Fooken, C. Newton, A. Ristl, M. Schaffner and B. Torgler, "Tax Compliance and Psychic Costs: Behavioral Experimental Evidence UsingAPhysiologicalMarker", Journal of Public Economics, 2016, 134: 9-18.

[180] Dyreng, S., M. Hanlon and E. Maydew, "Long-run Corporate Tax Avoidance", The Accounting Review, 2008, 83 (1): 61-82.

[181] Erard, B. and J. S. Feinstein, "Honesty and Evasion in the Tax Compliance Game", Rand Journal of Economics, 1994, 25 (1): 1-19.

[182] Egger H., P. Egger and Markusen, James R., "International Welfare and Employment Linkages Arising from Minimum Wages", NBER Working

Paper, 2009.

[183] Frey, B. S., "Not Just for the Money: An Economic Theory Personal Motivation", Economic Journal, 1997, 36 (2): 941 – 942.

[184] Fang, Tony and Carl Lin, "Minimum Wages and Employment in China", IZA Discussion, 2013.

[185] Frey, B. S. and H. Weck, "Estimating the Shadow Economy: A Naive Approach", Oxford Economic Papers New Series, 1983, 35 (1): 23 – 44.

[186] Fieldstein, M. and C. Horioka, "Domestic Savings and International Capital Flows", Economic Journal, 1980, 90: 314 – 329.

[187] Frey, B. S. and L. P. Feld, "Deterrence and Morale in Taxation: An Empirical Analysis". Cesifo Working, 2002.

[188] Faccio, M., "Politically Connected Firms", TheAmerican Economic Review, 2006, 96 (1): 369 – 386.

[189] Fisman, R. and S. J. Wei, "Tax Rates and Tax Evasion: Evidence from 'Missing Imports' in China", Journal of Political Economy, 2004, 112 (2): 471 – 496.

[190] Fisman, R. and J. Svensson, "Are Corruption and Taxation Really Harmful to Growth? Firm Level Evidence", Journal of Development Economics, 2007, 83 (1): 63 – 75.

[191] Georke, L., "Bureaucratic Corruption and Profit Tax Evasion", Economics of Governance, 2008, 9 (2): 177 – 196.

[192] Galindo, F., and S. Pereira, "The Impact of the National Minimum Wage on British Firms." Final Report to the Low Pay Commission on the Econometric Evidence from the Annual Respondents Database, 2004.

[193] Gupta, S. and K. Newberry, "Determinants of the Variability in Corporate Effective Tax Rate: Evidence from Longitudinal Data", Journal of Accounting and Public Policy, 1997, 16 (1): 1 – 39.

[194] Gordon J. P. F., "Individual Morality and Reputation Costs as Deterrents to Tax Evasion". European Economic Review, 1989, 33 (4): 797 – 805.

[195] Guellec, D. and B. V. Pottelsberghe, "The Impact of Public R&D Ex-

penditure on Business R&D", Economics of Innovation and New Technology, 2003, 12 (3): 225 – 243.

[196] Halla. M., "Tax Morale And Compliance Behavior: First Evidence On a Causal Link", IZA Discussion Paper, 2010.

[197] Haque, N. and R. Sahay, "Do Government Wage Cuts Close Budget Deficits? Costs of Corruption", IMF Economic Review, 1996, 43 (4): 754 – 778.

[198] Hellmen, J., G. Jones and D. Kaufmann, "Seize the State, Seize the Day: State Capture and Influence in Transition Economies", Journal of Comparative Economics, 2003, 31 (4): 751 – 773.

[199] Hindriks, J., M. Keen and A. Muthoo, "Corruption, Extortion and Evasion", Journal of Public Economics, 1999, 74 (3): 395 – 430.

[200] Hines, J., "Investment Ramifications of Distortionary Tax Subsidies", Working Paper, University of Michigan and NBER, 1998.

[201] Hlersic, A. and A. Seldon, "Tax Avoision: The Economic, Legal and Moral Inter-Relationships Between Avoidance and Evasion", Institute of Economic Affairs, 1979: 22.

[202] Holmstrom, B., "Moral Hazard and Observability", The Bell Journal of Economics, 1979, 10: 74 – 91.

[203] Hall, R. E. and D. W. Jorgenson, "Tax Policy and Investment Behavior", The American Economic Review, 1967, 57 (0): 391 – 414.

[204] Helpman, E. and P. R. Krugman, "Market Structure and Foreign Trade: Increasing Returns, Imperfect Competition, and the International Economy", MIT Press, Cambridge, 1985.

[205] Huang, Yasheng, "Managing Chinese Bureaucrats: An Institutional Economics Perspective", Political Studies, 2002, 50 (1): 61 – 79.

[206] Imbens, G. and T. Lemieux, "Regression Discontinuity Design: A Guide to Practice", Journal of Econometrics, 2008, 142 (2): 615 – 635.

[207] Imam, P. A. and D. Jacobs, "Effect of Corruption on Tax Revenues in the Middle East". IMF Working Paper, 2007, 10 (1): 24.

[208] Ireland, P., "Supply-side Economics and Endogenous Growth", Journal

of Monetary Economics, 1994, 33 (3): 559 – 571.

[209] Jin, H., Y. Qian, and B. Weignast, "Regional Decentralization and Fiscal Incentives: Federalism, Chinese Style", Journal of Public Economics, 2005, Vol. 89: 1719 – 1742.

[210] Jia, Ruixue, "Pollution for Promotion", Stockholm University, IIES working paper, 2012.

[211] Khan, A., I. Asim and A. Benjamin, "Tax Farming Redux: Experimental Evidence on Performance Pay for Tax Collectors", Quarterly Journal of Economics, 2016, 131 (1): 219 – 271.

[212] King, R. and S. Rebelo, "Public Policy and Economic Growth: Developing Neoclassical Implications", NBER Working 1990: 3338.

[213] Karagöz, K., "Determinants of Tax Revenue: Does Sectorial Composition Matter?", Journal of Finance Accounting and Management, 2013, 4 (2): 50 – 63.

[214] Katz, L. and A. Krueger, "The Effect of the New Minimum Wage Law in a Low – Wage Labor Market", Working Papers, 1992.

[215] Kleven, Henrik J., Martin B. Knudsen, Claus T. Kreiner, Søren Pedersen, and Emmanuel Saez, "Unwilling or Unable to Cheat? Evidence from a Randomized Tax Audit Experiment in Denmark", Econometrica, 2011, 79 (3): 651 – 692.

[216] Krugman, P. and A. Venables, "Integration and the competitiveness of peripheral industry", Unity with diversity in the European Community, 1990: 56 – 77.

[217] Kornhauser M. E., "Normative and Cognitive Aspects of Tax Compliance: Literature Review and Recommendations for the IRS Regarding Individual Taxpayers", Annual Report to Congress, 2007: 138 – 180.

[218] Lee, D. and T. Lemieux, "Regression Discontinuity Design in Economics", Journal of Economic literature, 2010, 48: 281 – 355.

[219] Liu, Q. and Y. Lu, "Firm investment and exporting: Evidence from China's value-added tax reform", Journal of International Economics, 2015, 97 (2): 392 – 403.

[220] Levy, D., "Price Adjustment under the Table: Evidence on Efficiency-

Enhancing Corruption", European Journal of Political Economy, 2007, 23: 423–427.

[221] Lui, F., "An Equilibrium Queuing Model of Bribery", Journal of Political Economy, 1985, 93 (4): 760–781.

[222] Li, Hongbin and Li-an Zhou, "Political Turnover and Economic Performance: the Incentive Role of Personnel Control in China", Journal of Public Economics, 2005, 89 (9): 1743–1762.

[223] Li, H. and J. Kung, "Fiscal Incentives and Policy Choices of Local Governments: Evidence from China", Journal of Development Economics, 2015, 116: 88–104.

[224] Leuthold, J., "Tax Shares in Developing Economies", Journal of Development Economics, 1991, 35: 173–185.

[225] Lotz, R. and E. Morss, "Measuring 'Tax Effort' in Developing Countries", IMF Staff Papers, 1967, 14: 478–499.

[226] Mayneris, F., S. Poncet and T. Zhang, "The Cleansing Effect of Minimum Wage: Minimum Wage Rules, Firm Dynamics and Aggregate Productivity in China", IRES Discussion Papers, 2014.

[227] Melitz, M. J., "The Impact of Trade on Intra-Industry Reallocations and Aggregate Industry Productivity", Econometrica, 2003, 71 (6): 1695–1725.

[228] Ma, J., Intergovernmental Relations and Economic Management in China, Macmillan Press, 1997.

[229] Mathiason, Nick., "Tax Evasion Robs Developing Countries of $900bn A Year", The Observer, 30th November, 2008.

[230] Manzon, J. and G. Plesko, "Relation between Financial and Tax Reporting Measures of Income", Tax Law Review, 2001, 55: 175–214.

[231] Myles, G. and R. Naylor, "A Model of Tax Evasion With Group Conformity And Social Customs", European Journal of Political Economy, 1996, 12 (1): 49–66.

[232] McCrary, J., "Manipulation of the Running Variable in the Regression Discontinuity Design: A Density Test", Journal of Econometrics, 2008, 142 (2): 698–714.

[233] Mironov, M., "Taxes, Theft, and Firm Performance", The Journal of Finance, 2013, 68 (4): 1441–1472.

[234] Mamuneas, T. and M. Nadiri, "Public R&D Policies and Cost Behavior of the US Manufacturing Industries", Journal of Public Economics, 1996, 63 (1): 57–81.

[235] Merrifieild, J., "The Institutional and Political Factors Which Influence Taxation", Public Choice, 1991, 69 (3): 295–310.

[236] Melitz, M. J., "The Impact of Trade on Intra-industry Reallocations and Aggregate Industry Productivity", Econometrica, 2003, 71 (6): 1695–1725.

[237] Nataraj, Shanthi, "The Impact of Trade Liberalization on Productivity: Evidence from India's Formal and Informal Manufacturing Sectors", Journal of International Economics, 2011, 85: 292–301.

[238] Ni, J., G. Wang, and X. Yao, "Impact of Minimum Wages on Employment: Evidence from China", Chinese Economy, 2011, 44 (1): 18–38.

[239] Nichols, A., "RD 2.0: Revised Stata Module for Regression Discontinuity Estimation", Link: http://ideas.repec.org/c/boc/bocode/s456888.html, 2011.

[240] Oates, W., Fiscal Federalism, New York: Harcourt Brace Jovanovich, 1972.

[241] Olley, G. S. and A. Pakes, "The Dynamics of Productivity in the Telecommunications Equipment Industry", Econometrica, 1996, 64 (6): 1263–1297.

[242] Oi, Jean, "Fiscal Refrom and the Economic Foundation of Local State Corporation in China", World Politics, 1992, 45: 99–126.

[243] Phillips, J., M. Pincus, and S. Rego, "Earnings Management: New Evidence Based on Deferred Tax Expense", The Accounting Review, 2003, 78 (2): 491–521.

[244] Pencavel, J. H., A Note on Income Tax Evasion, Labor Supply, and Nonlinear Tax Schedules. Journal of Public Economics, 1979, 12 (1): 115–124.

[245] Porcano, T. M. and C. E. Price, "The Effects of Government Tax and Nontax Incentives on Foreign Direct Investment", Multinational Business Review,

1996, 4 (1): 9 – 19.

［246］Pyle, D. J., "The Economics of Taxpayer Compliance", Journal of Economic Surveys, 1991, 5 (2): 163 – 198.

［247］Paul, C. and M. Oliver, "Aid and Tax Revenue: Signs of a Positive Effect Since the 1980s". Journal of International Development, 2011, 23 (2): 165 – 180.

［248］Porcano, T., "Corporate Tax Rates: Progressive, Proportional or Regressive", Journal of American Taxation Association, 1986, 7 (2): 17 – 31.

［249］Qian, Y. and R. Weingast, "Federalism as a Commitment to Preserving Market Incentives", Journal of Economic Perspectives, 1997, 11 (4): 83 – 92.

［250］Qian, Y. and R. Weingast, "China's Transition to Markets: Market-Preserving Federalism, Chinese Style", The Journal of Policy Reform, 1996, 1 (2): 149 – 185.

［251］Rahman, A., "Tackling Corruption through Tax Administration Reform", Washington: World Bank, 2009.

［252］Rego, S., "Tax-Avoidance Activities of U. S. Multination Corporation", Contemporary Accounting Research, 2003, 20 (4): 805 – 833.

［253］Reed, W. R., "The Robust Relationship between Taxes and US State Income Growth", National Tax Journal, 2008, 61 (1): 57 – 80.

［254］Rebelo, Sergio, "Long Run Policy Analysis and Long Run Growth", Journal of Political Economy, 1991 (99): 500 – 521.

［255］Sanyal, A., "Audit Hierarchy in A Corrupt Tax Administration", Journal of Comparative Economics, 2000, 28 (2), 364 – 378.

［256］Slemrod, J., "Cheating Ourselves: The Economics of Tax Evasion", Journal of Economic Perspectives, 2007, 21 (1), 25 – 48.

［257］Sandmo A., "Income Tax Evasion, Labour Supply, and The Equity—Efficiency Tradeoff", Journal of Public Economics, 1981, 16 (3): 265 – 288.

［258］Spicer M. W., Civilization at a Discount: The Problem of Tax Evasion, National Tax Journal, 1986: 13 – 20.

［259］Slemrod, J. and S. Yitzhaki, "Tax Avoidance, Evasion, and Administration", In Handbook of Public Economics, Volume 3, edited by A. J. Auerbach and M. Feldstein, 2002: 1423 – 1470.

［260］Silvani and Brondolo, "An Analysis of VAT Compliance", Fiscal Affairs Department, IMF Mimeo, 1993.

［261］Slemrod J., "Cheating Ourselves: The Economics of Tax Evasion", Journal of Economic Perspectives, 2007, 21（1）: 25 – 48.

［262］Slemrod, J., "The Economics of Corporate Tax Selfishness", National Tax Journal, 2004（57）: 877 – 899.

［263］Smarzynska, B. and S. Wei, "Corruption and Composition of Foreign Direct Investment: Firm – Level Evidence", Working Paper, 2000.

［264］Stickney, C. and V. McGee, "Effective Corporate Tax Rates: The Effective of Size, Capital Intensity, Leverage and Other Factors", Journal of Accounting and Public Policy, 1982, 1（2）: 125 – 152.

［265］Smith, A., "The Wealth – of Nations", Cannon Edition（London, 1960）, 1775.

［266］Stokey, N. and S. Rebelo, "GrowthEffects of Flat-Rate Taxes?", NBER Working 1993: 4426.

［267］Schwab, R. and W. E. Oates, "Community Composition and the Provision of Local Public Goods: A Normative Analysis", Journal of Public Economics, 1991（44）: 217 – 237.

［268］Stowhase, Sven and Christian Traxler, "Tax Evasion and Auditing in a Federal Economy", International Tax and Public Finance, 2005, 12（4）: 515 – 531.

［269］Spicer, M. W. and J. E. Thmas, "Audit Probabilities and the Tax Evasion Decision: An Experimental Approach", Journal of Economic Psychology, 1982（2）: 241 – 245.

［270］Schneider, F. and D. Enste, "Shadow Economies around the World: Size, Cause and Consequences", CESifo Working Paper Series, 1999: 196.

［271］Thomas, J., P. Lopez, R. Regier and L. Tanye, "Identifying Tax-Induced Earnings Management around TRA 86 as a Function of Prior Tax-Aggressive Behavior", Journal of the American Taxation Association, 1998, 20（2）: 37 – 56.

［272］Torgler, B. , "Tax morale in Latin America", Public Choice, 2005, 122 (1): 133 –157.

［273］Torgler, B. and F. Schneider, "Shadow Economy, Tax Morale, Governance And Institutional Quality: A Panel Analysis", Cesifo Working Paper, 2007.

［274］Torgler, B. and F. Schneider, "What Shapes Attitudes Toward Paying Taxes? Evidence From Multicultural European Countries", Social Science Quarterly, 2007, 88 (2): 443 –470.

［275］Torgler, B. and F. Schneider, "The Impact of Tax Morale and Institutional Quality on the Shadow economy", Journal of Economic Psychology, 2009, 30 (2): 228 –245.

［276］Tonin, M. , "Too Low to Be True: The Use of Minimum Thresholds to Fight Tax Evasion", IZA Discussion Papers, 2011.

［277］Tiebout, Charles. , "A Pure Theory of Local Expenditures", Journal of Political Economy, 1956, 64 (5): 416 –424.

［278］Urquiola, M. and E. Verhoogen, "Class-size Caps, Sorting, and the Regression-Discontinuity Design", The American Economic Review, 2009, 99 (1): 179 –215.

［279］Van der Klaauw, W. , "Estimating the Effect of Financial Aid Offers on College Enrollment: A Regression –Discontinuity Approach", International Economic Review, 2002, 43 (4): 1249 –1287.

［280］Wilkie, P. and S. Limberg, "Measuring Effective Tax (Dis) advantage for Corporate Taxpayers: An Alternative to Average Effective Tax Rates", Journal of the American Taxation Association, 1993, 15 (4): 46 –71.

［281］Wolkoff, M. , "Tax Abatements and Rent –seeking: A Reply", Urban Studies, 1993, 30 (3): 599 –601.

［282］Witte, A. , and D. Woodbury, "The Effects of Tax Laws and Tax Administration on Tax Compliance: The Case of the U. S. Individual Income Tax", National Tax Journal, 1985, 38: 1 –13.

［283］Wingender, P. , "Tax Compliance and Financing: Evidence from the World Bank's Enterprise Surveys", UC Berkeley Working Paper, 2008.

［284］Wilkie, P., "Corporate Average Effective Tax Rates and Inferences about Relative Tax Preferences", Journal of the American Taxation Association, 1988, 10 (1): 75 – 88.

［285］Xu, Chenggang, "The Fundamental Institutions of China's Reform and Development", Journal of Economic Literature, 2011, 49 (4): 1076 – 1151.

［286］Xing, C., and J. Xu, "Regional Variation of the Minimum Wages in China", IZA Discussion Papers. 2015.

［287］Yitzhaki, S., "A Note on Income Tax Evasion: A Theoretical Analysis", Journal of Public Economics, 1974, 3 (2): 201 – 202.

［288］Yitzhaki, S., "Income Tax Evasion: A Theoretical Analysis", Journal of Public Economics, 1974, 3 (2): 201 – 202.

［289］Zimmerman, J., "Taxes and Firm Size", Journal of Accounting and Economics, 1983, 5 (1): 119 – 149.

［290］Zeng, K., S. Li and Q. Li, "The Impact of Economic Growth and Tax Reform on Tax Revenue and Structure: Evidencefrom China Experience", Modern Economy, 2015, 4 (12): 839 – 851.